大原千鶴の
ささっとレシピ

素材のつくりおきで、絶品おかず

大原千鶴

素材のつくりおきで、絶品おかず

昨年の年末に自宅のキッチンを改装した。

10年以上前から改装計画を持ちながら、なかなか実現できずにいたのだが、なんとか思いきって念願の改装にこぎつけた。

寄宿生活をしていた息子たちが帰って来て、また、世の中の情勢が変化して生活スタイルが変わった。

家族で食卓を囲む、それ以外に新しくなったキッチンのカウンターで帰宅時間がまちまちな子ども一人ひとりと向き合い居酒屋スタイルで話をし、ちょっとお酒もいただきながら、一品ずつ料理を用意する。

そんな新たな楽しみが出来た。楽しい半面、居酒屋店主はさっと出せる一品の材料の仕込みが欠かせなくなった。

とはいえ、子どもたちは「今日は友だちと」なんていう日も多く、そんな時に残した食材をどううまく使うか、

使い切れなければどう保存するか。

とにかく捨てずにきちんと食べる。

そんなことを前よりももっと考えるようになった。

奇しくも今の世の中、食品ロスをなくして、

持続可能な社会へと変化してべき転換期に来ている。

今までは、冷凍庫には

お味噌とパンと香辛料しか入れていなかった私も、

自分と社会を助ける素材の仕込みと保存で

食品ロス撲滅のお手伝いが出来ないだろうか。

そう思い立ち、今回の「ささっとレシピ」を考案した。

冷凍していても、結構いけるものだなぁ。と、感心することしきり。

この本を以って冷蔵庫、冷凍庫を開けるたび、

「あぁ、誰かが私のために仕込んでおいてくれた。ありがたい」と

幸せな気持ちになれる。

そんな素敵な毎日を皆様にお届けしたいと思う。

幸せとはそんなささやかなことの積み重ねで出来ているのだ。

仕込んだのは自分自身なのでは？　などと、

野暮なことは考えないのが幸せへの近道であることは言うまでもない。

目次

野菜の切りおきストック

作りおき料理より気軽。
ついでに切ってカット野菜に！ …… 7

味つけは1＋1で

ラクラクかんたん、味つけに失敗なし！
どんな素材でもおいしくできる …… 65

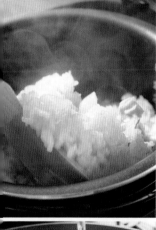

「水だし」と「ストック洗い米」で
毎日のごはん作りが、ますます時短に

■ 和食が手軽に、時短で作れる「水だし」

だし用のパックに削り節(あれば、そうだがつお、あじ、いわしなどが混ざった混合節)15gを入れ、昆布5gとともに2ℓの冷水ポットに入れて2時間以上おく。冷蔵保存で夏は2日間、冬は3日間保存できます。

■ 水加減して早炊きモードで炊くだけ「ストック洗い米」

ざるに米を入れ、たっぷり水をはったボウルの中で洗う。ざるを上げて水をきり、10回ほどかき回して、新しい水をたっぷりはったボウルでざっと洗う。これをもう1回繰り返す。水気をきった米をポリ袋か保存容器に入れる。冷蔵庫で3日間保存可。

レシピを変えずに、
味のバリエーションが3倍に！
塩分換算表

塩、しょうゆ、みその塩分濃度は、塩100%に対して、しょうゆ15〜16%、みそ(信州みそ)12〜13%です。塩味の料理をしょうゆ味やみそ味にする場合は、しょうゆは塩の分量の約6倍量、みそは塩の分量の約8倍量に置き換えるだけ。覚えておくと便利です。

塩の分量	しょうゆ味に変える場合 塩の分量×約6倍	みそ味に変える場合 塩の分量×約8倍
小さじ¼	小さじ1½	小さじ2
小さじ½	大さじ1	大さじ1⅓
小さじ1	大さじ2	大さじ2⅔
大さじ1	大さじ6	大さじ8

この本の使い方

- ■ 計量カップは、1カップ＝200㎖、計量スプーンの大さじ1＝15㎖、小さじ1＝5㎖。
- ■ 特に記載のない場合、火加減は中火、だし汁は昆布とかつおの水だしです。
- ■ 野菜類は、特に記載のない場合は、洗う、皮をむく、ヘタ、種やワタは取るなどの下処理を済ませたものです。野菜は通常除く、皮、きのこは石づきを除くなどの下処理済みです。
- ■ フライパンは、フッ素樹脂加工のものを使っています。
- ■ 電子レンジの加熱時間は、600Wを基準にしています。500Wの場合は1.2倍、800Wの場合は0.75倍にしてください。機種によって熱量に多少差がありますので、様子をみながら、加熱してください。

- ■ 電子レンジやオーブンなどの調理器具をご使用の際は、お使いの機種の取扱説明書に従って使用してください。
- ■ 煮る時間、焼く時間は目安です。火の通り加減は様子をみながら、加減してください。

短時間でできる料理の目安調理時間。
＊漬け込む時間は除きます。

作りおきできる料理の保存日数の目安。
＊料理を入れる保存容器は、取扱説明書に従って洗浄、消毒した清潔な状態でご使用ください。

お弁当のおかずにも活用できます。

調理手順は1または、1・2だけで、簡単！

簡単時短に作っても、料理がおいしくなる調理ポイント。

野菜の切りおき

ついでに切ってカット野菜に！

作りおき料理より気軽。

野菜は、最初に使う時にまとめて、使いやすい切り方にしてストック。意外に時間がかかる洗ったり、切る時間が1回で済み、かなり時短に。肉や魚と煮るだけ、炒めるだけですぐ1品ができます。

大根½本で

ピーラーで皮をむいて細切りにする

細い棒状（6cm長さ×5mm角くらい）に切る。

冷蔵保存で
夏は2～3日
冬は5日ほど

- ●保存袋に平たく入れて冷蔵する。
- ●このまま冷凍もできる。冷凍保存は1カ月。
- ●冷凍すると繊維が壊れてやわらかくなるので、加熱調理か、自然解凍後、水けを絞って使う。

大根ストックですぐできる！

あえる

塩炒りに

水キムチに

しょうゆ炒めに

食感のいい大根にレモンの香り。
あっさりしながら、存在感のある箸休め。

大根レモンなます

材料（2人分）と作り方

大根（細切り）100ｇに塩小さじ¼をまぶして10分以上おく。
出てきた水気を絞る。
レモン（薄切り）2枚を各6等分に切って大根に加え、
はちみつ小さじ1を加えてよくあえる。
器に盛り、粗びき黒こしょう適量をふる。

Memo
長くおくとレモンの苦みが出てくるので、
早めに食べるのがおすすめ。レモンは
冷凍（P64）でも。

☑ 調理時間　15分ほど
☑ 作りおきにも！　冷蔵で3〜4日
☑ お弁当にも！（汁けをきる）

　水分の多い野菜は、塩をしっかりきかせ、水分を絞ってから味つけすると、味がぼやけません。

大根と牛肉の酒炒り

主材料（2人分）と下処理

大根（細切り）…250 g
牛こま切れ肉…100 g
　　→ 食べやすい大きさに切る
＜A＞
│ 酒…大さじ3
│ 塩…小さじ¼
うす口しょうゆ…小さじ1

1 牛肉を炒る

フライパンに**A**を煮立て、牛肉を入れて炒りつける。火が通ったら火を止め、牛肉を取り出す。

2 大根を炒めて味つけする

汁が残ったフライパンに大根を入れて炒め、しんなりとして透明感が出たら、うす口しょうゆを加えて炒める。大根が色づいたら火を止める。器に牛肉とともに盛り、あればせり適量をあしらい、粉唐辛子（韓国産・中びき）をふる。

☑ 調理時間　10分ほど
☑ 作りおきにも！　冷蔵で2〜3日
☑ お弁当にも！

汁が少ないように見えても、炒めている間に大根から水分が出てちょうどいい量に。水分が多いと味が薄まってしまいます。

塩味で大根と牛肉の
風味が際立ちます。
大根から肉のうまみがじゅわっと。

火の通りに差のある大根と牛肉は別々に炒めます。牛肉はやわらかく、大根は牛肉のうまみを吸って味が深まります。

大根だけで水キムチが作れるから、簡単手軽。
軽い酸味で、あっさり軽やか。

大根の水キムチ

材料（作りやすい分量）と下処理

大根（細切り）…250g
塩…小さじ1
＜A＞
　水…200ml
　甘酒…小さじ½
　赤唐辛子（種を取る）…1本
　おろしにんにく…少々

☑ 作りおきにも！　冷蔵で6〜7日

1 塩をふる

ボウルに大根を入れ、塩をまぶして10分以上おく。

2 漬ける

出た水分とともに保存容器に大根を入れ、**A**を順に加え、ふたをして常温で一晩（冬場なら2日間ほど）おく。発酵した酸っぱい匂いがしたら、冷蔵庫に入れる。

キムチの漬け汁のおもゆやお粥の代わりに、甘酒を使うことで、水キムチがさらに簡単に作れるレシピに。

大根と大根葉の桜えび炒め

主材料(作りやすい分量)と下処理

大根（細切り）…100 g
大根の葉（小口切り）…40 g
桜えび（乾物）…大さじ1～2
しょうゆ…大さじ1

1 桜えびを炒める

フライパンにごま油大さじ1を熱し、桜えびがチリチリッとするまで炒める。

2 大根と葉を炒める

大根を加えて炒め、しんなりとしたら、人根の葉も加えてざっと炒め、しょうゆで味を調える。器に盛り、いりごま（白）をふる。

栄養豊富で
彩りのいい大根葉を
おいしく使いきり。

☑ 調理時間　10分はど
☑ 作りおきにも！　冷蔵で2～3日
☑ お弁当にも！

　桜えびを料理に使う時には、油で炒めて臭みをとばし、香ばしさを引き立てるとおいしくなります。

キャベツ½玉で

芯をはずしてざく切りにする

2〜3cmのざく切りにする。

冷蔵保存で
夏は2〜3日
冬は5日ほど

- 保存袋に平たく入れて冷蔵する。
- このまま冷凍もできる。冷凍保存は1カ月。
- 冷凍すると繊維が壊れてやわらかくなるので、加熱調理か、自然解凍後、水けを絞って使う。

キャベツストックですぐできる！

浸けて梅風味で

ソース炒めに

ゆでてごまみそだれで

シャキシャキあっさり梅風味。
肉のつけ合わせにも、ご飯のおともにも。

キャベツの梅昆布浅漬け

材料(作りやすい分量)と作り方

ジッパーつき保存袋にキャベツ（ざく切り）250ｇ、水100㎖、
塩昆布、うす口しょうゆ各大さじ１、砂糖小さじ１を入れる。
梅干し（塩分10％程度のもの）１個を手でちぎりながら加え、
種も入れ、袋の空気を抜きながら口をしばる。
袋の上から手でもみ、キャベツに調味料をなじませ、
冷蔵庫で一晩おく。

Memo

葉野菜に塩昆布　キャベツ、白菜、小
松菜などの葉野菜と塩昆布をあえるだ
けで、和のサラダに。適度な塩気とう
まみで野菜だけでも充実の１品に。

☑ 作りおきにも！　冷蔵で３〜４日
☑ お弁当にも！

　　塩昆布のうまみで食べごたえが出ます。キャベツの食感が小気味よく、ご飯もすすみます。

キャベツのソース炒め

洋風おひたしのような、さっと作れる香りがいいあっさりおかず。

- ☑ 調理時間　10分ほど
- ☑ 作りおきにも！　冷蔵で2〜3日
- ☑ お弁当にも！

主材料（2人分）と下処理

キャベツ（ざく切り）…250g
ベーコン…2〜3枚（30g）
　→ 3cm幅に切る
ウスターソース…大さじ1
半熟の目玉焼き…卵2個分

1 炒める

フライパンにサラダ油小さじ1、ベーコン、キャベツを入れて炒める。油がなじんだら水大さじ1を加えて炒める。

2 味つけする

キャベツがしんなりとしたら、ウスターソースをかけてからめる。器に盛り、目玉焼きをのせる。好みでウスターソース少々をさらにかけても。

キャベツの葉がかたい場合は、炒める時に水を少し足すと高温の蒸気が回り、早くおいしく火が通ります。

ゆでキャベツと豚肉の ごまみそだれ

主材料（2人分）と下処理

キャベツ（ざく切り）…250g

豚バラ薄切り肉…150g

　→ 半分の長さに切る

＜ごまみそだれ＞

　みそ…大さじ2

　砂糖、みりん…各大さじ1

　すりごま（白）、水

　　…各大さじ½

　豆板醤、ごま油…各小さじ1

　→ 混ぜ合わせる

☑ 調理時間　10分ほど

☑ ごまみそだれは、作りおきにも！

　冷蔵で7日

☑ お弁当にも！

1 たれを作る

ボウルにたれの材料を入れて混ぜ、青ねぎ（小口切り）大さじ1を加えて混ぜる。

2 ゆでる

キャベツは熱湯でゆでてざるに上げる。同じ湯を温め、沸騰直前になったら、豚肉を1枚ずつ広げながら入れ、豚肉が白くなってきたら、ざるに取り出す。器に盛り、たれをつけていただく。

　　豚肉は、湯をぐらぐら沸かさずにゆでるとしっとり。1枚ずつ湯に入れるとかたまりになりません。

白菜¼株で

２cm幅の細切りにする

夏は少し細めに、冬は少し広めの幅に切るとよい。

冷蔵保存で
夏は２〜３日
冬は５日ほど

- 保存袋に平たく入れて冷蔵する。
- このまま冷凍もできる。冷凍保存は１カ月。
- 冷凍すると繊維が壊れてやわらかくなるので、加熱調理か、自然解凍後、水けを絞って使う。

白菜ストックですぐできる！

漬けて甘酢で

あんかけで

おかかマヨで

オイスター炒めに

みずみずしい白菜に軽やかなごま油の香り。合わせる料理を選ばず、箸がすすみます。

ラーパーツァイ

材料(作りやすい分量)と作り方

1 ボウルに白菜（細切り）300ｇ、
塩小さじ1を入れてもみ、10分以上おいて水気を絞り、
甘酢（酢大さじ1、砂糖大さじ½、塩小さじ¼を混ぜる）
で白菜をあえ、器に盛る。

2 耐熱容器に煮干し（頭とワタを取ったもの）3〜4ｇ、
ごま油大さじ2を入れ、電子レンジに1分ほどかけ、
白菜にかける。好みで赤唐辛子（輪切り）をのせても。

☑ 調理時間　20分ほど
☑ 作りおきにも！　冷蔵で5日
☑ お弁当にも！

　白菜の塩はしっかりきかせます。ごま油は煙が出るほど熱々にすると、油っこくなりません。

主材料（2人分）と下処理

白菜（細切り）…300g

豚バラ薄切り肉…100g

→3cm幅に切って塩、こしょう
各少々をふる

チキンスープの素（顆粒）…小さじ1
→水100mℓで溶く

1 豚肉と白菜を蒸し炒める

フライパンで豚肉を炒め、豚肉が白っぽくなってきたら、白菜を加えて炒める。白菜に油がなじんだら、チキンスープを加えてふたをし、白菜がしんなりとやわらかくなるまで火を通す。

2 味つけしてとろみをつける

うす口しょうゆ大さじ1で味を調え、水溶き片栗粉（片栗粉大さじ½を同量の水で溶く）でとろみをつける。器に盛り、ごま油少々をふり、あれば柚子の皮（せん切り）をあしらう。

☑ 調理時間　15分ほど
☑ 作りおきにも！　冷蔵で2～3日
☑ お弁当にも！

しんなりするまで炒めて白菜のうまみを引き出してから味つけすると、失敗なくおいしくなります。

具が２種類の二宝菜。白菜がとろりとするまで火を入れれば、あんでおいしい満足おかずに。

　白菜は味が入りにくいので、あん仕立てにすると、味がからみやすくなります。

シャキシャキと食感のいい白菜が、おかかごまマヨネーズの味つけであとをひく。

白菜サラダ

主材料（2人分）と下処理

白菜（細切り）…300g

＜A＞
- 塩…小さじ¼
- 砂糖…小さじ1
- 削り節（小パック）
  …2袋（3〜4g）

＜B＞
- マヨネーズ…大さじ2
- すりごま（白）…大さじ1

☑ 調理時間　15分ほど
☑ 作りおきにも！
　　冷蔵で2〜3日
☑ お弁当にも！

1 ゆでて水気を絞る

白菜は熱湯でゆでてしんなりしたら、ざるに上げて水気をきり、粗熱がとれたら、水気をしっかり絞る。

2 もう1回絞って味つけする

ボウルに白菜とAを入れてよく混ぜ、再度、水気を絞る。Bを混ぜ、しょうゆ小さじ1で味を調える。器に盛り、好みで削り節をかける。

段階的に水気をしっかり絞りながら、白菜に味をつけます。味がぼやけず、おいしく決まります。

1 白菜を炒める

フライパンにバターを入れて火にかけて溶かし、白菜を炒める。しんなりしたらオイスターソースをからめる。

2 蒸し焼きにする

かきに片栗粉を薄くまぶして白菜にのせてふたをし、30秒したら上下を返し、再度、ふたをする。かきがぷっくりと膨らんだら、すぐ火を止める。器に盛り、青ねぎ（小口切り）をのせ、好みで粉唐辛子（韓国産・中びき）をふる。

白菜にかき、バター、オイスターソースは抜群の相性のよさ。

白菜のオイスター炒め

主材料（2人分）と下処理

白菜（細切り）…300g
かき（加熱用）5～6個（100g）
　→塩水でさっと洗い、
　　キッチンペーパーをしいた
　　バットにのせ、水気を取る

バター…10g
オイスターソース…大さじ1

☑ 調理時間　15分ほど

　かきには火を通しすぎないこと。ぷくっとしたら、すぐ火からおろすと、余熱でふっくら。柑橘類を絞っても。

なす3本で

切り目を入れてラップで包み、レンジ蒸しにする

なすは、包丁で縦に数カ所切り込みを入れ、水にさらして水気をふき、ラップで1本ずつ包む。電子レンジ（600W）でなす1本につき、1分〜1分30秒ほどかけて蒸す。ラップをしたまま冷ます。

冷蔵保存で
夏は2〜3日
冬は5日ほど

●冷ましたなすをラップに包んだまま、保存袋に入れ、冷蔵する。
●このまま冷凍もできる。冷凍保存は1カ月ほど。自然解凍して使う。

蒸しなすストックですぐできる！

しょうがじょうゆで

ピリ辛炒めに

甘酢で

みそ汁に

ひんやりとろり。
しょうがの香り。
王道の味がレンチンで！

蒸しなすしょうがじょうゆ

材料（作りやすい分量）と作り方
蒸しなす適量は、
食べやすく手で裂いて器に盛る。
しょうゆをかけ、
おろししょうがをのせる。

　電子レンジにかけたなすは、水分が保たれ、色がきれいに残ります。

主材料（2人分）と下処理

蒸しなす…3本

豚ひき肉…80g

＜A＞

豆板醤…小さじ½

しょうゆ…小さじ1

にら…3本

→　3cm長さに切る

しょうゆ…小さじ2

1　ひき肉を 炒める

フライパンにしょうが（みじん切り）、にんにく（みじん切り）各小さじ½、ごま油大さじ1を入れて火にかける。香りが立ったら、ひき肉を入れて炒め、白っぽくなってきたら、**A**を加え、ひき肉にからめる。

2　なすとにらを 炒める

なすを食べやすい大きさに裂きながら加える。にらを加え、しょうゆを加えて混ぜる。器に盛り、好みで粉山椒をふる。

☑ 調理時間　15分ほど
☑ 作りおきにも！　冷蔵で2〜3日
☑ お弁当にも！

麻婆なす

すでにとろりとしている蒸しなすを使うから、圧倒的に時短。あっさりとした仕上がりに。

豚ひき肉を使うとコクが出ます。
鶏ひき肉を使うと、
もう少しあっさりします。

　ひき肉が調味料の色に染まるまでしっかり炒めると、肉の生臭みが取れ、香ばしくおいしくなります。

蒸しなすの中華甘酢

なすから、ごま油香る甘酢が
じゅわっと。
ご飯にも合う味です。

主材料（2人分）と下処理

蒸しなす…2本
→ 4〜5等分に輪切りにする
＜中華甘酢だれ＞
砂糖、酢、うす口しょうゆ
…各大さじ1
ごま油…少々
→ 混ぜ合わせる

1 たれをかけて 辛子を添える

器になすを盛り、中華甘酢だ
れをかけ、溶き辛子を添える。

☑ 作りおきにも！
冷蔵で2〜3日

たれをかけてからしばらくおいて、マリネのように味をなじませても、おいしく食べられます。　28

蒸しなすの豆乳みそ汁

主材料（2人分）と下処理

蒸しなす…1本
　→ 一口大に切る
だし汁…200mℓ
みそ…20〜30g
豆乳（無調整）…100mℓ

1 なすを温める

鍋にだし汁を入れて煮立て、みそをこしながら入れる。なすと豆乳を加えて1分ほど煮て温め、火を止める。お椀によそい、青じそ（せん切り）とみょうが（小口切り）をあしらう。

豆乳で手軽にまろやかでコクのある呉汁風に。なすであっさり。

☑ 調理時間　5分ほど

　豆乳を使えば、簡単に呉汁のような味になります。

ピーマン 1袋で

半分に切って細切りにする

使いやすい幅の細切りに。

冷蔵保存で
夏は2～3日
冬は5日ほど

- 保存袋に平たく入れて冷蔵する。
- このまま冷凍もできる。冷凍保存は1カ月。
- 冷凍した場合は、加熱調理がおすすめ。冷凍したものを加熱せずに使う場合は、自然解凍してから使う。

ピーマンストックですぐできる！

作りおきに

すき焼きに

塩炒めに

おつまみに

じゃこの塩気でピーマンの香りが
あっさりと楽しめます。
すぐできるおばんざい。重宝します。

ピーマンとじゃこ炒め

材料(作りやすい分量)と作り方

鍋にごま油大さじ½を入れて火にかけ、
ちりめんじゃこ大さじ1を入れてさっと炒める。
ピーマン(細切り)200ｇ、水大さじ2、
うす口しょうゆ大さじ1を入れてふたをし、
3分ほど煮て、ふたをしたまま冷ます。

☑ 調理時間　10分ほど
☑ 作りおきにも！　冷蔵で2～3日
☑ お弁当にも！

　　じゃこはごま油でチリッとするまでしっかり炒めると、臭みが取れて、だしがよく出ます。

主材料（直径16cmのスキレット1個分）と
下処理
ピーマン（細切り）…80g
牛薄切り肉…100g
焼き豆腐…¼丁（100g）
　→ 食べやすく切る

ピーマンと牛肉のすき焼き

1　牛肉を焼く

スキレットにサラダ油小さじ1を入れ、牛肉を広げて入れて火にかけ、砂糖、しょうゆ各小さじ2をかけ、牛肉にからめる。

2　煮る

牛肉に火が通ったら端に寄せ、空いたところに豆腐、ピーマンを加えて上に砂糖、しょうゆ各小さじ1をかけ、牛肉をのせる。豆腐とピーマンの上下を返しながら、豆腐がしょうゆ色になるまで煮る。あれば実山椒（水煮または市販品）を加えて少し煮て火を止める。

☑ 調理時間　15分ほど
☑ 作りおきにも！　冷蔵で2〜3日
☑ お弁当にも！

牛肉は低い温度で焼くとかたくなりにくい。　　32

ピーマンのジューシーさと
ほんのりした苦みで
牛肉のうまみが引き立ちます。

牛肉、焼き豆腐、ピーマンのそれぞれに味つけをすることで、味がぼやけず決まります。

シャキシャキしたピーマンに上品なうまみの鶏むね肉がひときわしっとり。

ピーマンと鶏むね肉の塩炒め

主材料（2人分）と下処理

ピーマン（細切り）…100g

鶏むね肉…½枚（150g）

→ 細長く切り、塩、こしょう
　各少々を ふり、片栗粉を
　薄くまぶす

☑ 調理時間　15分ほど
☑ 作りおきにも！
　冷蔵で1〜2日
☑ お弁当にも！

1 ピーマンを炒める

フライパンにごま油小さじ1を入れて火にかけ、ピーマンを炒める。ピーマンに油がなじんだら水大さじ2を加えて炒め、しんなりとしてきたら、塩小さじ¼を入れてざっと混ぜる。

2 鶏肉を蒸し焼きにする

鶏肉をなるべく重ならないようにのせ、ふたをする。時々様子をみながら蒸し焼きにして、鶏肉に火が通ったら、ごま油少々をかけて火を止める。器に盛り、おろししょうがをのせる。

ピーマンは意外に火が通りにくいので、水を入れて蒸気にして、蒸し焼きにし、しっかり火を通します。

アンチョビーオイルピーマン

甘くて食感のいいピーマンにアンチョビーのコクを添えて。おつまみにも。

主材料（2人分）と下処理

ピーマン、あれば
　赤ピーマン（細切り）
　…計100g
アンチョビー（フィレ）
　…2枚

1 アンチョビーを炒める

フライパンにオリーブオイル小さじ2、にんにく（薄切り）3枚を入れ、油の上にアンチョビーを手で裂きながら入れ、チリチリするまで炒める。

2 ピーマンを炒める

ピーマンを加えて炒め、しんなりしたら、しょうゆ小さじ1をからめる。

☑ 調理時間　10分ほど
☑ 作りおきにも！
　冷蔵で2〜3日
☑ お弁当にも！

　にんにくとアンチョビーでイタリアンの味つけ。ゆでたパスタをからめても。

かぼちゃ ½個で

一口大の角切りにして
レンジ蒸しにする

かぼちゃ½個（約600ｇ）は種とワタを除いて、皮つきのまま、一口大に切る。耐熱容器に重ならないように入れてラップをして、電子レンジで7～8分、竹串がスーッと通るまでかける。

冷蔵保存で
1～2日

- 冷めたら、保存容器に入れる。
- 3日以上保存する場合は、バットに重ならないように並べ、冷凍してから保存袋に移して冷凍保存（P60アボカドの冷凍方法参照）。保存は1カ月ほど。
- 冷凍したものを使う時は熱い煮汁にそのまま入れるか、電子レンジで再加熱する。

かぼちゃストックですぐできる！

バターじょうゆ味で

マヨネーズ味で

カレーそぼろ味で

しょうゆバターの味つけで
かぼちゃの甘みが引き立ち、
おかす度アップ。

かぼちゃのバターじょうゆあえ

材料（2人分）と作り方

ボウルにかぼちゃ（皮つき・一口大をレンジ加熱したもの）150ｇ、
バター10ｇを入れ、箸でかぼちゃをほぐしながら混ぜ、
しょうゆ小さじ1を加えてあえる。
器に盛り、好みで粗びき黒こしょうをふる。

☑ 調理時間　5分ほど
☑ 作りおきにも！　冷蔵で2〜3日
☑ お弁当にも！

　かぼちゃが熱いうちにすぐバターとしょうゆをからめると、味がしみておいしく仕上がります。

かぼちゃときゅうりの
あっさりサラダ

きゅうりであっさり、絶妙な相性のよさ。さらりといくらでも食べられる味。

主材料（2人分）と下処理

かぼちゃ（皮つき・一口大を
　レンジ加熱したもの）
　… 150 g
きゅうり…1本
　→ 薄切りにし、塩ひとつま
　　みをまぶして10分ほどお
　　き、水気をしっかり絞る

1 つぶす

かぼちゃは熱いうちにボウル
に入れ、マッシャーでつぶす。

2 味つけする

きゅうり、マヨネーズ大さじ
2〜3を加えてあえ、しょう
ゆ少々で味を調える。器に盛
り、あればいりごま（黒）をふる。

☑ 調理時間　10分ほど

かぼちゃのサラダは、ハムやツナなどを入れずにシンプルに仕上げるほうが味がまとまります。

人気のかぼちゃのそぼろ煮が
ほんのりカレー風味で、
ますますおいしく。

かぼちゃの
カレーそぼろ

主材料（2人分）と下処理

かぼちゃ（皮つき・一口大を
　　レンジ加熱したもの）…150ｇ

鶏ひき肉（もも）…50ｇ

しょうが（せん切り）…少々

＜**A**＞
| カレー粉…小さじ¼
| うす口しょうゆ…小さじ1

☑ 調理時間　10分ほど

☑ 作りおきにも！　冷蔵で2〜3日

☑ お弁当にも！

1　そぼろを作る

鍋に水100mℓを沸かし、しょうがを入れてひき肉を加えてほぐし、**A**を加えて火が通るまで煮る。

2　煮る

かぼちゃを加え、時々混ぜながら、煮汁が少しとろっとするまで煮る。器に盛り、あればパセリペースト（Memo参照）をのせ、粗びき黒こしょうをふる。

Memo

**パセリペースト
（作りやすい分量）と作り方**

パセリの葉30ｇ、オリーブオイル大さじ4、にんにく1片、塩、レモン汁各小さじ½をハンドブレンダー（またはミキサー）にかけてなめらかにする。清潔な保存容器に入れて冷凍で1カ月間保存できるので重宝します。

　冷凍したかぼちゃを使う場合は、ふたをして時々様子をみながら、弱火で煮ます。

もやし１袋で

さっと洗ってレンジ蒸しにする

もやしはざるに入れてさっと洗って水気を
きり、耐熱容器に入れる。ふんわりとラッ
プをして、電子レンジに３分30秒かける。

冷蔵保存で
夏は２〜３日
冬は４日ほど

- ●ラップをはずして箸でほぐ
して熱を逃がし、冷まして冷
蔵保存。
- ●加熱して出た水分はそのま
ま一緒に保存する。
- ●冷凍する場合は、加熱せず、
袋のまま冷凍する。冷凍保存
は１カ月。使う時は、袋の上
から手でほぐしてそのまま
調理できる。

もやしストックですぐできる！

ごま炒めに

卵とじに

チヂミに

ちくわのだしと濃厚な練りごまの風味で、ささっと作っても奥行きのある味に。

もやしとちくわの練りごま炒め

材料(2人分)と作り方

フライパンにごま油小さじ1、ちくわ(小口切り)1本、
もやし(レンジ蒸し)½袋を入れ、油が全体になじむまで炒める。
練りごま(白)大さじ1、しょうゆ大さじ½を
回し入れてからめる。
器に盛り、青ねぎ(小口切り)、
紅しょうが(せん切り)各少々をのせる。

☑ 調理時間　5分ほど
☑ 作りおきにも！　冷蔵で2〜3日
☑ お弁当にも！

　　　もやしは炒めすぎると水分が出るので、さっと炒めて練りごまと合わせ、ごまの風味も生かします。

香りのいいごま油とにらを炒め、卵でとろりととじれば、肉がなくても満足の味。

主材料（2人分）と下処理

もやし（レンジ蒸し）…½袋
にら…2〜3本
　　→　3cm長さに切る
卵…1個　→　溶く
オイスターソース…大さじ½

1 炒める

フライパンにごま油小さじ1、もやし、にらを入れて炒める。にらがしんなりとしたら、オイスターソースを全体にからめる。

2 卵でとじる

溶き卵を回し入れて混ぜ、半熟状になったら火を止める。器に盛り、好みでラー油をかけ、いりごま（白）をふる。

☑ 調理時間　5分ほど
☑ お弁当にも！
　（卵にしっかり火を通す）

もやしとにらの
とろり卵とじ

主材料（作りやすい分量）と下処理

もやし（レンジ蒸し）…1袋
＜A＞
　桜えび、小麦粉…各大さじ2
　片栗粉…大さじ1　塩…ふたつまみ

たっぷりもやしのチヂミ

シャキシャキ、ふんわり。
桜えびの香り。
驚きのおいしさ。

1 生地を作る

もやしが入った保存容器に
Aを加えてよく混ぜる。

2 焼く

フライパンにごま油大さじ
½を入れて中火にかけ、生
地を広げていりごま（白）適
量をふる。片面がこんがり
と焼けたら裏返し、ごま油
大さじ½を足してこんがり
と焼く。食べやすく切り分
け、青ねぎ（小口切り）をの
せ、ポン酢でいただく。

☑調理時間　15分ほど
☑お弁当にも！

　電子レンジにかけて出たもやしの水分は、そのまま生地に入れると、ふんわりと焼けます。

ほうれん草1束で

ゆでて水にさらし、水気を絞って3cm幅に切る

保存するので、水でしっかり冷やしておくことが大事。

冷蔵保存で2日

- 水気を絞って保存容器に入れ、冷蔵庫で保存。
- 冷凍する場合は、保存袋に平たく入れて冷凍。保存は1カ月。
- 冷凍すると繊維が壊れてやわらかくなるので、加熱調理か自然解凍して水気を絞って使うとよい。

ほうれん草ストックですぐできる！

ソテーに

鍋に

おひたしに

にんにくバターがしみた
ほうれん草にとろりと黄身がからめば、
簡単でもごちそうに。

ほうれん草の
にんにくバターソテー
温玉のせ

材料(2人分)と作り方

フライパンにバター10g、にんにく(薄切り)3枚を
入れて火にかける。香りが立ったら、
ゆでほうれん草½束分を加えて炒める。
ほうれん草が温まったら塩小さじ¼をふり、
バター10gを加えて全体にからめる。
器に盛り、温泉卵(市販)1個をのせ、
好みで粗びき黒こしょうをふる。

☑ 調理時間　10分ほど

　　ほうれん草は、油分と合わせると食べやすく、栄養も吸収しやすくなります。

お酒にしょうがを浮かべて、煮るだけでこのおいしさに！

常夜鍋

主材料（2人分）と下処理

ゆでほうれん草…1束分

豚ロース薄切り肉（しゃぶしゃぶ用）…150g

酒…70mℓ　しょうが（薄切り）…1枚

＜ごまみそだれ＞

| すりごま（黒）…大さじ3

| ごま油…大さじ2　　砂糖…大さじ½

| みそ… 大さじ1½

| オイスターソース、コチュジャン…各大さじ1

| おろしにんにく、おろししょうが…少々　→ 混ぜ合わせる

1 豚肉を温める

鍋に酒、しょうがを入れて火にかけ、沸騰したら水200mℓ、塩小さじ¼を入れる。再び煮立ったら、豚肉を1枚ずつ広げながら入れる。

2 ほうれん草を温める

豚肉の色が白くなってきたら、ほうれん草を加え、温まったら取り皿に入れる。たれをつけていただく。

☑ 調理時間　10分ほど

料理酒ではなく、飲んでおいしい日本酒を使うこと。残ったつゆもおいしいので雑炊を炊いても。

ほうれん草とえのきのおひたし

主材料（2人分）と下処理

ゆでほうれん草…½束分

えのきたけ…60g

→ 石づきを落として、
　　半分の長さに切る

にんじん（細切り）…10g

＜煮汁＞

| だし汁…100mℓ
| うす口しょうゆ…小さじ2

☑ 調理時間　10分ほど
☑ 作りおきにも！
　　冷蔵で2〜3日
☑ お弁当にも（汁けをきる）

1 炒める

小鍋にごま油小さじ1を火にかけ、えのきを手でほぐしながら入れて炒め、にんじんも加え、油が全体になじむまで炒める。

2 煮る

煮汁の材料を加えて1〜2分煮て、ほうれん草を加えて火を止め、そのまま冷ます。器に盛り、すだち（薄い輪切り）を添える。

ほうれん草のおひたしは、油のコク、きのこのうまみを重ねて失敗なし。

　きのことにんじんは、煮る前にさっと炒めるとコクが出て、おいしく仕上がります。

ごぼう1本で

斜め薄切りにする

切ると、ごぼうに含まれるポリフェノールの作用で黒ずみますが、味に影響はありません。そのまま保存できますが、黒ずみが気になる場合は、水に浸けて保存してもよい（P63 れんこん参照）。

冷蔵保存で
夏は2〜3日
冬は5日ほど

● 保存袋に平たく入れて冷蔵する。
● このまま冷凍もできる。冷凍保存は1カ月。
● 冷凍したものは加熱調理がおすすめ。

ごぼうストックですぐできる！

揚げる

焼く

炒める

煮る

揚げごぼう

材料（2人分）と作り方

1 ごぼう（斜め薄切り）½本分（約80g）に片栗粉大さじ1を
薄くまぶし、170℃のサラダ油でカラッと揚げ、油をきる。

2 酢、うす口しょうゆ各大さじ1、砂糖小さじ2を
混ぜ合わせ、ごぼうが温かいうちにからめる。
器に盛り、あればいりごま（黒）をふる。

☑ 調理時間　20分ほど
☑ 作りおきにも！　冷蔵で2〜3日
☑ お弁当にも！

　ごぼうは揚げたての熱いうちに調味料に漬けると、味がよくしみ込みます。

主材料（2人分）と下処理

ごぼう（斜め薄切り）
　…¼本分（約40g）
<たね>
　鶏ひき肉（もも）…200g
　玉ねぎ（みじん切り）…大さじ1
　片栗粉、ごま油…各大さじ½
　塩…ふたつまみ
　　→ 練り混ぜる

<A>
　みりん…大さじ2
　うす口しょうゆ…大さじ1

ごぼうハンバーグ

1 丸めて焼く

たねを6等分にして平たく丸め、ご
ぼうを両面に貼りつけるようにし、
中火にかけたフライパンに並べて
ふたをして焼く。途中、上下を返し、
全体で4〜5分焼いてハンバーグに
火を通す。

2 味つけする

ふたを取り、A、ピーマン（細切り・
1個分）を加える。たれがとろりとか
らんだら、器に盛る。あれば粉唐辛
子（韓国産・中びき）をふる。

☑ 調理時間　20分ほど
☑ 作りおきにも！　冷蔵で2〜3日
☑ お弁当にも！

たねを厚く丸めると、火が通りにくいので、平たくします。　　50

うまみあふれる肉に、
香りのいいごぼうがごろごろ。
たっぷりの量を使って目新しい1品に。

　　豚ひき肉でもおいしく作れます。

ふんわりしたぶりとカリカリ
ごぼうを相性のいい甘辛味で。
新定番になる絶品です。

ぶりごぼう

主材料（2人分）と下処理

ぶり（切り身）
　…2切れ（130g）
　→ 塩少々をふって10分
　　　以上おき、出た水気をふき、
　　　2cm幅に切る
ごぼう（斜め薄切り）
　…½本分（約80g）

＜A＞
　しょうゆ…大さじ1
　砂糖…大さじ½
　コチュジャン…小さじ½
　→ 混ぜ合わせる

☑ 調理時間　10分ほど
☑ 作りおきにも！
　　冷蔵で1～2日
☑ お弁当にも！

1　ごぼうを炒める

フライパンにごま油小さじ1を中火にかけ、ごぼうを入れて炒める。しんなりとしてきたら、おろしにんにく少々を加えてざっと混ぜる。

2　ぶりを焼く

片栗粉を薄くまぶしたぶりを加えてふたをする。時々様子をみて、ぶりに火が通ったら、Aを加えて全体にからめる。器に盛り、青ねぎ（小口切り）をあしらい、好みで溶き辛子を添える。

ぶりは焼くか煮ることが多いですが、炒めものにしてさっと火を通すと、身がふんわりと仕上がります。

1 牛肉を炒める

鍋に牛肉を入れて中火にかけ、砂糖、しょうゆをかけ、牛肉の色が半分くらい変わるまで焼く。

＊牛肉が赤身の場合には、肉をごま油少々をからめてから鍋に入れる。

2 煮る

ごぼうを加えて全体にからめ、だし汁を加えてふたをして煮る。ごぼうがやわらかくなり、煮汁がほぼなくなったら、できあがり。器に盛り、粉山椒をふる。

☑ 調理時間　20分ほど
☑ 作りおきにも！
　冷蔵で2〜3日
☑ お弁当にも！

牛ごぼう

主材料（2人分）と下処理
牛こま切れ肉＊…70g
ごぼう（斜め薄切り）…½本分（約80g）
砂糖、しょうゆ…各大さじ1
だし汁…100mℓ

ごぼうは炒めて油を回してから汁けがなくなるくらいまでやわらかく香りよく煮ます。

　牛肉に砂糖としょうゆをかけてから調理をすると、肉に味がしっかり入り、おいしくなります。

玉ねぎ2個で

２cm幅のくし形切りにする

冷蔵保存で
夏は２〜３日
冬は５日ほど

● 手でばらしながら保存袋に平たく入れて冷蔵する。
● このまま冷凍もできる。冷凍保存は１カ月。
● 冷凍した場合は加熱調理がおすすめ。冷凍したものを加熱せずに使う場合は、自然解凍で。

玉ねぎストックですぐできる！

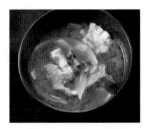

みそ汁に

オイル焼きに

チャンプルーに

マリネに

みその塩気に、甘い玉ねぎがおいしく引き立ちます。厚揚げでボリューム感を。

玉ねぎと厚揚げのみそ汁

主材料(2人分)と作り方

鍋にだし汁400㎖、玉ねぎ（くし形切り）100gを
入れて火にかける。
玉ねぎがやわらかく煮えたら、絹厚揚げ1個（60g）を
手でちぎりながら加え、1分ほど煮る。
厚揚げが温まったらみそ30〜40gをこしながら入れ、
火を止める。お椀によそい、細ねぎ（小口切り）をちらす。

☑ 調理時間　5分ほど

　　　厚揚げは手でちぎると、味しみがよくなり、存在感が出ます。

玉ねぎと鶏肉のオイル焼き

主材料（2人分）と下処理
玉ねぎ（くし形切り）…200g
鶏もも肉…1枚（300g）
→ 一口大のそぎ切りにし、塩、
　こしょう各少々をふる
しょうゆ…大さじ1

1 焼く

フライパンに鶏肉、玉ねぎを入れ、オリーブ油大さじ1を回し入れ、火にかけてふたをする。鶏肉が白っぽくなったら裏返し、玉ねぎを時々混ぜる。鶏肉に火が通り、玉ねぎに透明感が出てしんなりとしたら、ふたを取る。

2 味つけする

しょうゆをからめる。器に盛り、好みで粗びき黒こしょうをふり、好みの葉物野菜（写真はせり）を添える。

☑ 調理時間　20分ほど
☑ 作りおきにも！　冷蔵で2〜3日
☑ お弁当にも！

玉ねぎと鶏肉を入れてから火にかけ、ゆっくり温度を上げながら焼くと、玉ねぎはとろりと、鶏肉はふっくらジューシーに焼けます。

フライパンひとつで焼いて、
しょうゆだけで味が決まる
失敗しないおかずです。

　冷たい温度から、ふたをして焼くので、料理に不慣れな人も失敗なくおいしく鶏肉が焼けます。

玉ねぎと
豚肉のチャンプルー

豚バラは焼いて、
だしを出し
うまみを玉ねぎに吸わせます。

主材料（2人分）と下処理

玉ねぎ（くし形切り）…200g
豚バラ薄切り肉…50g
→ 3cm幅に切り、塩、
こしょう各少々をふる
ミニトマト…3〜4個
→ 半分に切る
卵…1個　→ 溶く
うす口しょうゆ…大さじ1

1 炒める

フライパンで豚肉を炒め、白っぽくなったら、ごま油小さじ2、玉ねぎを加え、しんなりするまで炒める。うす口しょうゆをからめ、玉ねぎがしょうゆ色になったらミニトマトを加え、さっと炒める。

2 卵でとじる

溶き卵を回し入れて混ぜ、半熟状になったら火を止める。器に盛り、削り節をかける。

☑ 調理時間　10分ほど
☑ 作りおきにも！
　　冷蔵で2〜3日
☑ お弁当にも！

玉ねぎの炒め加減は、パリッとでもとろりとさせても。それぞれのおいしさがあります。

日をおくごとになじんで、とろりとした味わいに。

玉ねぎマリネ

主材料(作りやすい分量)と作り方

玉ねぎ(くし形切り)…200g

<A>

　オリーブ油、酢、レモン汁
　　…各大さじ1
　砂糖…小さじ1
　チリパウダー…小さじ⅛

1 塩をふる

ボウルに玉ねぎを入れ、塩小さじ1をまぶし、しんなりするまでおく。

2 マリネする

玉ねぎから出た水気を残したまま、**A**を順に加えてよく混ぜ、冷蔵庫で一晩おく。

紫玉ねぎで作ると、鮮やかできれいなピンク色になります。肉や魚などに添えると華やかに。

☑ 作りおきにも！　冷蔵で10日
☑ お弁当にも！

サンドイッチの具に、かつおの刺身に合わせて、カレーに添えてなど、いろいろな食べ方ができます。

アボカド 1個で

食べやすく一口大に切る

冷凍保存で
1カ月

- バットに重ならないように入れ、冷凍してから、保存袋に移して冷凍する。くっつかずに1個ずつ、バラ冷凍できる。
- 冷凍した場合は、自然解凍して使う。

アボカドストックですぐできる！

たれで

炒めて

ピリ辛で濃厚なたれに、アボカドの味がより引き立ちます。前菜やおつまみに。

よだれアボカド

主材料（2人分）と作り方

1　アボカド（生または、冷凍のものは自然解凍にする）
　　1個を器に盛る。

2　しょうゆ、いりごま（白）、青ねぎ（小口切り）各大さじ1、
　　砂糖、ごま油各大さじ½、豆板醤小さじ½、
　　おろしにんにく少々をよく混ぜ合わせたたれをかける。

　　合わせたたれは、ゆで鶏やお豆腐にかけても。

アボカドににんにくの香りをつけ、しょうゆやおかかを。ご飯もすすみます。

アボカド
おかかじょうゆ

☑ 調理時間　10分ほど
☑ お弁当にも！

主材料（2人分）と作り方

冷凍アボカド
　（生でも可。冷凍のものは
　　自然解凍にする）…1個
にんにく（薄切り）…3枚

1　蒸し焼きにする

フライパンにオリーブ油小さじ1、にんにくを入れて火にかける。香りが立ったら、アボカドを加えてふたをして弱火にする。

2　味つけする

とろっとしてきたら、しょうゆ小さじ1をからめる。器に盛り、削り節をかける。

アボカドは、よく混ぜてペースト状にしてもおいしい。　　62

切って、あとラク。圧倒的に時短！

他にもできます「冷凍ストック」

■ 保存期間　冷蔵で夏は2〜3日
冬は5日ほど保存可

下記の野菜も「冷凍ストック」しておけば、袋から直接、鍋やフライパンに投入できるので、簡単時短。
あと1種、何か野菜が足したいという時にも助かります。

ブロッコリー

小房に切って軸は薄切りにして下ゆでしてから、バラ冷凍した後に保存袋に入れる（P60 アボカド参照）。

小松菜

3〜4cm長さに切り、保存袋に平たく入れる。

ズッキーニ

薄い輪切りにし、保存袋に平たく入れる。

ゴーヤー

種とワタを除いて薄い半月切りにし、保存袋に平たく入れる。

根菜がカット野菜感覚で使えて、劇的に便利！

「水つけストック」で気軽に根菜を

■ 保存期間　冷蔵で夏は4〜5日
冬は10日保存可

皮をむいたり、切ったりに手間がかかる根菜は、忙しいと使うのがおっくうになりがち。
水につけて保存すると、変色しにくく、長持ちします。

■ 保存方法　使いやすい大きさに切って保存容器に入れ、かぶるくらいの水を入れ、ふたをして冷蔵保存。

じゃがいも

皮をむいて
好みの大きさに切る。

さつまいも

皮つきのまま輪切りに。
かぼちゃ同様に電子レンジで加熱してから、冷凍も可。

れんこん

皮をむいて半月切りに。
ごぼうと同様に保存袋に入れて冷凍も可。

「冷凍香味野菜ストック」

■ 保存期間　冷凍で1カ月

少し入れるだけで、料理の香りを豊かにする香味野菜。
すぐに使えるようによく使う切り方に切って冷凍保存すると、とっても便利。

■ **保存**　保存袋に入れて平らにし、空気を抜きながら口を閉じて冷凍。
■ **使い方**　袋ごと折って使いたい分だけ取り出す。凍ったまま調理可。

しょうが

みじん切り。

にんにく

みじん切り。

青ねぎ

1cm幅の小口切り。

にら

3cm長さに切る。

セロリ

斜め薄切り。

レモン

薄い輪切り。
アボカド（P60）と同様にバラ冷
凍にしておくとよい。

大胆なラクラク冷凍で、さらに時短！

「丸ごと冷凍」

■ 保存　冷凍で1カ月

水分が多い野菜は傷みやすいので、丸ごと冷凍。
使い勝手がよく、料理も彩りよくなります。

■ **保存**　野菜はそのままジッパーつき保存袋に
　入れ、口を閉じて冷凍します。
■ **使い方**　室温におき、半解凍して使う。包丁
　で切れるくらいになればよい。

きゅうり

半解凍したら、薄い輪切り
にし、水けを絞って使う。
塩もみしたような食感になる。

トマト

冷凍のまま水にあてると、
皮がツルリとむけるので、
その後、煮込み料理に。

味つけは1＋1で

ラクラクかんたん、味つけに失敗なし！
どんな食材でもおいしくできる

たった2種類の食材を、家にある基本調味料で味つけするだけ。
使う道具も鍋かフライパンどちらかひとつ！
食材が違えば、味つけが同じでも、同じ味の料理にはなりません。

主材料（2人分）と作り方

キャベツ（ざく切り）…150ｇ
豚肩ロース薄切り肉…100ｇ
だし汁…１カップ
うす口しょうゆ…大さじ１

だし煮味

1 煮る

鍋にキャベツを入れ、豚肉を広げてのせる。**だし汁とうす口しょうゆ**を加え、中火にかけてふたをする。煮立ったら火を少し弱め、キャベツがやわらかくなるまで５〜６分煮る。器に盛り、好みで柚子の皮、柚子こしょうを添える。

だし汁
１カップ

うす口
しょうゆ
大さじ１

どんな具でも、さっと煮るだけでおいしい和のおかずに。
簡単に作ったとは思えない
手をかけたような味になります。

☑ 調理時間　５分ほど
☑ 作りおきにも！
　　冷蔵で２〜３日

キャベツと豚肉のさっと煮

だしとキャベツは
相性バツグン。
キャベツは甘く、
肉はやわらか。

　豚肉は赤身と脂のバランスがいい肩ロースがおすすめ。ロースよりもやわらかい。コクをより出すなら、バラ肉で。

かぶとさつま揚げのさっと煮

主材料（2人分）と作り方

かぶ…1〜2個（150ｇ）
　→ 皮をむいて縦半分に切り、
　　薄切りにする
さつま揚げ（丸天）…5枚（130ｇ）
　→ 大きければ半分に切る
だし汁…1カップ
うす口しょうゆ…大さじ1

1 煮る

材料をすべて鍋に入れ、中火
にかけてふたをする。煮立った
ら火を少し弱め、3〜4分煮る。
あれば、かぶの葉（小口切り）
を加えて1〜2分煮て、かぶが
やわらかく煮えたら、器に盛る。

☑ 調理時間　5分ほど
☑ 作りおきにも！
　冷蔵で2〜3日

薄切りかぶはすぐに煮え、
おいしい煮汁がしみしみ。
口の中ですっと溶けます。

さつま揚げ、かまぼこなどの練りものは、煮ものに使うといいだしが出て、短時間で深みのある味になる重宝食材。

じゃがいも鶏そぼろ

だし汁の香りとうまみで、ほろりと煮えたじゃがいもが特別なおいしさに。

主材料（2人分）と作り方

鶏ひき肉（もも）…60g

じゃがいも3個（300g）

　→皮をむいて半分に切る

だし汁…1カップ

うす口しょうゆ…大さじ1

1 ひき肉をほぐす

鍋にだし汁、うす口しょうゆを入れて中火にかけ、煮立ったら、ひき肉を入れてヘラでほぐす。

2 じゃがいもを煮る

ひき肉が白くなったら、じゃがいもを加えてふたをする。煮立ったら火を少し弱め、時々ヘラで混ぜながら、8～10分、汁けがぱってりとするまで煮る。器に盛り、青ねぎ（小口切り）、しょうが（せん切り）をのせる。

☑ 調理時間　15分ほど

☑ 作りおきにも！
　冷蔵で2～3日

☑ お弁当にも！（汁けをきる）

　この料理には、ほくほく煮える男爵がおすすめ。形がくずれるまでほろりと煮ます。

白菜と鶏むね肉のやわらか煮

主材料（2人分）と作り方

白菜（ざく切り）…150g
鶏むね肉…½枚（150g）
　→1cm幅のそぎ切りにして
　　塩、こしょう各少々をふり、
　　片栗粉を薄くまぶす
だし汁…1カップ
うす口しょうゆ…大さじ1

だし汁でとろりと煮た白菜は、気軽なごちそう。鶏肉は仕上げに入れてやわらかく。

1 白菜を煮る

鍋に白菜、**だし汁、うす口しょうゆ**を入れ、中火にかけてふたをする。煮立ったら火を少し弱め、白菜がやわらかくなるまで、5〜6分煮る。

2 鶏肉を煮る

白菜に鶏肉をのせ、再度ふたをして火が通るまで2分ほど煮る。器に盛り、青ねぎ（小口切り）少々をのせ、好みで溶き辛子を添える。

☑ 調理時間　10分ほど
☑ 作りおきにも！　冷蔵で2〜3日

パサつきやすい鶏むね肉は1cm幅のそぎ切りにして片栗粉をまぶすと、かたくなりにくい。

香ばしい肉はふっくら、だしの香り。
野菜を一緒に煮るから、副菜はなくても。

ブロッコリーと豚肉のソテー煮

主材料（2人分）と作り方

豚肩ロース肉（とんカツ用）
　…2枚（200g）
　→ 筋を切り、塩、こしょう
　　各少々をふり、小麦粉を
　　薄くまぶす

＜A＞
　ブロッコリー½株（100g）
　　→ 小房に切る。茎は薄切り
　玉ねぎ…100g
　　→ 2cm幅のくし形切り
　だし汁…1カップ
　うす口しょうゆ…大さじ1
　赤唐辛子…1本

☑ 調理時間　15分ほど
☑ お弁当にも！（汁けをきる）

1 豚肉を焼く

フライパンに豚肉、オリーブオイル小さじ1を入れて中火にかけ、豚肉を入れ、両面をこんがりと焼く。

2 野菜を煮る

フライパンにAを加えてふたをし、煮立ったら火を少し弱め、3〜4分煮る。野菜がやわらかく煮えたら器に盛り、好みで粗びき黒こしょうをふる。

　煮すぎると肉がかたくなるので、火の通りが早いブロッコリー、玉ねぎを合わせます。結果、時短に。

主材料（2人分）と作り方

エリンギ … 1本（60 g）
　→かたい部分を除き、半分に切る
豚肩ロース肉（とんカツ用）
　… 2枚（250 g）
　→筋を切り、塩、こしょう各少々
　　をふる
ブロッコリー…60 g
　→小房に分ける
にんにく（薄切り）…3〜4枚

1　蒸し焼きにする

フライパンにエリンギと豚肉を
入れてにんにくをのせ、オリー
ブオイル大さじ1を回しかけて
ふたをし、中火で焼く。豚肉が
白くなったら裏返し、ブロッコ
リーを加え、再度ふたをして焼く。

2　しょうゆを
　　からめる

豚肉に火が通り、ブロッコリー
がしんなりとしたら、しょうゆ
大さじ1を加えて全体にからめ
る。器に盛り、あれば粒マス
タードを添える。

☑ 調理時間　20分ほど
☑ お弁当にも！

オリーブ
しょうゆ味

オリーブ
オイル
大さじ1

しょうゆ
大さじ1

焼いてるそばから、おいしい香り。
こんがり焼けた肉や野菜に
しょうゆの香りが食欲を
そそります。

豚肉とエリンギのステーキ

プリッとしたエリンギも
まるでステーキのよう。
うまみあふれる豚肉と
ダブルの満足度。

肉に8割がた火が通ったら、しょうゆをかけて火を止めます。焼きすぎずに、ふんわりと仕上げます。

主材料（2人分）と作り方

玉ねぎ…1個（200g）

→ 1cm幅の輪切りにしてほぐす

砂肝…150g

→ はみ出た白い膜を切り取って2つに切り分け、頂点から深く切り込みを数カ所入れ、厚みを半分に切り、塩、こしょう各少々をふる

玉ねぎと砂肝の しょうゆ焼き

コリッとした歯ごたえのある砂肝がとろりと甘い玉ねぎでますますおいしく。

1 蒸し焼きにする

フライパンに砂肝を入れ、玉ねぎをのせ、オリーブオイル大さじ1を回しかけてふたをし、中火で焼く。砂肝に半分くらい火が通ったら箸で混ぜ、再度ふたをする。

2 しょうゆを からめる

玉ねぎがしんなりとしたら、しょうゆ大さじ1を加えてからめる。器に盛り、すだち（半分に切って種を取る）1枚を添える。

☑ 調理時間　10分ほど

☑ 作りおきにも！　冷蔵で2〜3日

☑ お弁当にも！

砂肝は切り込みを入れて火の通りをよくします。　74

ゴーヤーのワタがとろりとするまで焼くのがおいしい。牛肉とよく合う。

ゴーヤーと牛こまのしょうゆ焼き

主材料（2人分）と作り方

ゴーヤー…1本（230g）
→ 1cm幅の輪切りする
牛こま切れ肉…100g
→ 食べやすく切って
塩、こしょう各少々を
ふる

☑ 調理時間　15分ほど
☑ 作りおきにも！
　　冷蔵で2～3日
☑ お弁当にも！

1 蒸し焼きにする

フライパンにゴーヤーを入れて牛肉をのせ、オリーブオイル大さじ1を回しかけてふたをし、中火で焼く。ゴーヤーに半分くらい火が通ったら全体を箸で混ぜ、再度ふたをする。

2 しょうゆをからめる

ゴーヤーがやわらかくなったら、しょうゆ大さじ1を加えてからめる。器に盛り、あれば粉唐辛子（韓国産・中びき）をふる。

　ゴーヤーは種もワタも食べられます。ゴーヤーが固いとワタが油を吸うので、足りなければ、オイルをたっぷり足してください。

主材料（2人分）と作り方

レタス½個…（160g）

→ 手で大きくちぎる

1 炒めて 味つけする

フライパンに**ごま油**大さじ1を強火にかけ、レタスを入れてざっと炒め、すぐに**オイスターソース**大さじ1を入れて全体にからめて火を止める。器に盛り、好みで具入り**ラー油**をかける。

レタスはすぐに火が通るので、少ししんなりとしたらオイスターソースを加えて混ぜ、火を止め、余熱が入らないようにすぐ器に移します。

☑ 調理時間　3分ほど

オイスターごま味

ごま油
大さじ1

オイスター
ソース
大さじ1

フライパンの温度を上げて軽く
水きりしただけの葉野菜を強火で
一気に炒めると、
シャキッと仕上がります。

レタス炒め

レタスは、ちぎって炒めて
熱々をぺろり！
シャキッとしんなりの
食感が絶妙。

　うまみのきいたオイスターソースはそれだけで複雑な味が決まる万能調味料です。

さっと炒めるだけで、本格中華の味に。シャキッと感に箸が止まらない。

空芯菜炒め

主材料（2人分）と作り方

空心菜…1束（180ｇ）
　→ 根元のかたい部分
　　を切り落とし、葉と
　　茎に分けてざく切り
　　にする
にんにく（薄切り）
　…3〜4枚

☑ 調理時間　5分ほど

1 炒める

フライパンに**ごま油**大さじ1、にんにくを入れて強めの中火にかけ、香りが立ったら空心菜の茎を加えて炒め、油がなじんだら、葉を加えて炒める。

2 味つけする

葉がしんなりとしたら**オイスターソース**大さじ1を入れて全体にからめ、好みで赤唐辛子（輪切り）適量を加え、ざっと混ぜて火を止める。

青菜は、かたい茎と葉で火が通る時間が違うため、時間差で炒めることでそれぞれがおいしく仕上がります。

豚こま小松菜炒め

オイスターソースと肉の
うまみの相乗効果。
削り節で香りと味をさらに深めて。

主材料（2人分）と作り方

豚こま切れ肉…100g

→ 食べやすく切って
　塩、こしょう各少々をふる

小松菜…1束（180g）

→ 3cm幅に切り、葉と茎に
　分ける

1 炒める

フライパンにごま油大さじ1を
中火にかけ、豚肉を炒める。豚
肉が白くなったら小松菜の茎
を加えて炒め、油がなじんだら、
葉を加えて炒める。

2 味つけする

葉がしんなりとしたら**オイス
ターソース大さじ1**を入れて
全体にからめ、火を止める。
器に盛り、削り節をかける。

☑ 調理時間　10分ほど
☑ 作りおきにも！
　冷蔵で2〜3日
☑ お弁当にも！

　小松菜の茎のシャキッとした食感を生かしたいので、火が早く入る豚こま切れ肉を合わせます。

主材料（1人分）と作り方

牛バラ肉（焼き肉用）…6枚（120ｇ）

＜Ａ＞

砂糖、しょうゆ…各大さじ1
ごま油…大さじ1
おろしにんにく…少々

1 味つけする

ボウルに牛肉、Ａを入れ、手で
よくもんでなじませる。

2 焼く

フライパンに1を入れ、中火で
両面をカリッと焼く。器に盛り、
好みの葉物野菜（えごまの葉、
レタス、サンチュなど）と、あ
れば野菜用のたれ（P46ごまみ
そだれ参照）を添え、焼き肉を
盛り合わせる。彩りに赤唐辛子
（輪切り）をあしらっても。

☑ 調理時間　5分ほど
☑ お弁当にも！

甘辛味

砂糖
大さじ1

しょうゆ
大さじ1

味の強い牛肉や青魚をおいしく
仕上げるきりっとした甘辛味。
ご飯に合う、みんなが大好きな
味つけです。

焼き肉

きりっとした甘辛味で
牛肉のうまみや脂の甘みが
ますますおいしく。

焼き肉のおいしさは焼き方次第。カリッと焼くのがおいしいので、牛肉は動かさず、焼き色がつくまで待ちます。

ごぼう豚そぼろ

主材料（2人分）と作り方

ごぼう…½本（70g）
　　→ 5mm角くらいに切る
豚ひき肉…80g
しょうが（みじん切り）
　　…大さじ1
しし唐辛子…3本
　　→ ヘタを落として小口切り

1 炒める

フライパンにごま油小さじ1、しょうが、ひき肉を入れて中火にかけ、ヘラで混ぜながら炒める。ひき肉の色が半分くらい白くなったら、ごぼうを加えてさっと炒める。

2 味つけする

砂糖、しょうゆ各大さじ1加えて全体にからめ、豚肉に火が通り、ごぼうもしんなりとしてきたら、しし唐辛子、粉山椒少々を加えて混ぜる。器に盛り、いりごま（白）少々をふる。

☑調理時間　15分ほど
☑作りおきにも！　冷蔵で2〜3日
☑お弁当にも！

いつものそぼろに
ごぼうを加えて、香り豊かに。

ごぼうがかたい場合は、途中ふたをして煮ます。水気が足りなければ、酒を適量加えます。

煮魚はレンジ調理と相性がいい！何より時短。身がしっとり。皮もきれいに。

レンチンさばしょうが

主材料（2人分）と作り方

さば（3枚におろしたもの）
　…1尾分（250g）
　→ 塩適量をふって
　　10分以上おき、
　　出てきた水気を
　　ふきとって小骨を抜き、
　　皮に切り込みを入れる
しょうが（薄切り）…20g
青ねぎ（斜め薄切り）…1本

☑ 調理時間　10分ほど
☑ お弁当にも！

1 さばに火を通す

耐熱容器に**砂糖**、**しょうゆ**各大さじ1、酒大さじ2を入れて混ぜる。しょうがの半量を入れ、さばを皮を下にして入れ、残りのしょうがをのせる。ふんわりとラップをして電子レンジに3分ほどかけ、さばに火を通す。

2 煮汁を煮つめる

さばを器に盛り、耐熱容器に残った煮汁を小さめのフライパンに移し、青ねぎを入れて中火で煮つめる。煮汁をさばにかけ、青ねぎ、しょうがをあしらう。

　煮汁を少し煮つめると、味が凝縮されてとろみがつき、さばに味がからみやすくなります。

主材料（2人分）と作り方

鶏もも肉…1枚（300ｇ）
→ 塩、こしょう各少々をふる

1 焼く

フライパンを中火にかけ、鶏肉の皮を下にして入れ、ふたをして焼く。鶏肉に8割がた火が通ったら裏返し、再度ふたをして様子をみながら焼く。

2 味つけする

鶏肉にほぼ火が通ったら、実山椒（水煮、市販品でも可）大さじ1、**みりん、うす口しょうゆ各大さじ1**を加えて全体にからめ、たれがとろりとするまで煮つめる。鶏肉をバットなどに取り出し、2分ほど休ませてから食べやすく切る。

☑ 調理時間　10分ほど
☑ お弁当にも！

照り焼き味

みりん
大さじ1

うす口
しょうゆ
大さじ1

甘さ控えめながら、コクのあるやさしい甘辛味。
食材の味と色を生かす
和食の代表的な味つけです。

鶏肉の照り焼き

この味つけで、
鶏肉のうまみ・風味が
より引き立つ照り焼きに。
皮はパリッと、肉はジューシー。

鶏肉はちょっと冷ましてから切ると肉汁が流れ出にくく、断面がきれいに切れます。

豚のなめらかしょうが焼き

主材料（2人分）と作り方

豚肩ロース肉（しょうが焼き用）
　…4枚（200ｇ）
おろししょうが…小さじ2

1 焼く

豚肉に片栗粉を薄くまぶしつ
ける。フライパンにごま油小
さじ2を中火にかけ、豚肉の
両面を焼く。

2 味つけする

豚肉に火が通ったら、**みりん、
うす口しょうゆ**各大さじ1を
加えてとろりとするまで煮つ
めながらたれをからめる。火
を止め、しょうがを加えて混
ぜる。器に盛り、キャベツ（せ
ん切り）、しょうがの甘酢漬け
（市販品でも可）各適量、ミニ
トマト（半分に切る）を添える。

豚肉には片栗粉をまぶして焼くと、
おいしいたれがからみやすく、
舌ざわりがなめらかに。

☑ 調理時間　10分ほど
☑ お弁当にも！

たれにしっかり味があるので、しょうが焼きの豚肉には塩、こしょうをふりません。

うす口しょうゆで鶏そぼろのうまみ、しょうがと青じその香りが引き立ちます。

鶏そぼろ

主材料（2人分）と作り方

鶏ひき肉（もも）…200ｇ
しょうが（薄切り）…20ｇ
青じそ（ざく切り）…5枚

- ☑ 調理時間　15分ほど
- ☑ 作りおきにも！
  冷蔵で2〜3日
- ☑ お弁当にも！

1　ひき肉を炒める

フライパンにひき肉、みりん、**うす口しょうゆ各大さじ1**を入れてヘラでよく練り、中火にかけて白っぽくなるまで炒める。

2　香味野菜を混ぜる

しょうがを加えて炒め、ひき肉に火が通ったら、青じそを加えて火を止める。温かいご飯の上にかけ、好みで卵黄をのせ、いりごま（白）少々をふる。

　ひき肉に調味料を練り込んでから火にかけると臭みが消え、パサつかず、しっとりと煮上がります。

照り焼き味で、肉がなくても
きのこと青菜がおかずに昇格。

チンゲン菜としいたけの
にんにく炒め

主材料（2人分）と作り方

チンゲン菜…1株（150g）
　→ 2cm幅のざく切りにし、
　　葉と茎を分ける
しいたけ…2枚（60g）
　→ 石づきを落とし、
　　半分に切る
にんにく（みじん切り）
　…小さじ¼

☑ 調理時間　10分ほど
☑ 作りおきにも！
　　冷蔵で2〜3日
☑ お弁当にも！

1 焼く

フライパンにごま油小さじ2を
強めの中火にかけ、チンゲン
菜の茎としいたけを炒める。し
んなりとしてきたら、にんにく、
チンゲン菜の葉を加えて炒める。

2 味つけする

葉がしんなりとしたら、**みりん、
うす口しょうゆ各大さじ1**を加
えて全体にからめる。器に盛り、
あれば粉唐辛子（韓国産・中
びき）をふる。

チンゲン菜もしいたけも弱い火で炒めると水分が出ておいしくないので、強めの中火でたまに混ぜて焼くように炒めます。

肉・魚の下味ストック

漬けておいしいものだけを。
肉はやわらか、魚はふっくら。

使いきれない肉や魚は、味をつけて下味ストックに。
すぐに調理でき、買いものの回数も減るなど、うれしい発見多数です。
そのまま冷凍ストックにも！

下味ストックがあれば　　　　あとは炒めるだけ！

主材料（2人分）と作り方

仕込んだ鶏肉

鶏もも肉…1枚（300ｇ）
→ 12等分に切って
漬ける

1 片栗粉を まぶす

鶏肉の入った保存袋に片栗
粉大さじ3を加え、袋の上か
らもんでなじませる。

2 揚げる

170℃のサラダ油でしし唐
辛子（ヘタを切り落とし、竹
串で数ヵ所刺す）6本を素
揚げして油をきる。鶏肉を
3分ほど揚げ、カラッとし
たら油をきる。器に盛り、
レモン（くし形切り）を添える。

☑ 調理時間　10分ほど
　（漬ける時間は除く）
☑ お弁当にも！

仕込みは…
しょうが じょうゆ味

うす口しょうゆ　大さじ1
酒　大さじ1
おろししょうが　小さじ1
を保存袋に入れる

1 肉を入れて袋の 上から、よくもむ

魚は身が割れやすいので、
袋の上からなじませる程度に。
＊漬けて10分後から調理できる

2 空気を抜きながら 平らにして 袋の口を閉じる

＊酸化しにくく、保存性が高まる

保存　冷蔵で3日間　冷凍で1カ月

甘みは使わず、素材を生かす
飽きのこないおいしさ。
肉、魚、野菜に万能に合う味つけ。

Memo
冷凍した場合、解凍して調理する。

鶏のから揚げ

鶏肉のうまみがあふれてジューシー。
ほんのりしょうがの香り。

　水分の多い鶏肉は味が入りにくいので、下味をつけると、おいしく味が決まります。

あじのしょうが焼き

あじは焼きたてだから
ふんわりやわらか。
香ばしくていい香り。

あじ（三枚におろしたもの）
…2尾（180ｇ）を漬ける

仕込んだあじ

1 小麦粉を まぶす

あじは、キッチンペーパー
で軽く汁けをおさえ、小麦
粉を薄くまぶす。

2 焼く

フライパンにごま油小さじ
2を弱火で熱し、あじを皮
目から入れて両面にこんが
りと火が通るまで焼く。青
じそをしいた器に盛り、好
みでみょうがナムル（Memo
参照）、練り梅を添える。

Memo

みょうがナムルの作り方

みょうが4本は、縦半分に切ってから斜め薄
切りにし、水に5分さらして水気を絞り、ボ
ウルに入れる。塩小さじ¼、いりごま（白）、ご
ま油各小さじ2を加えてよく混ぜる。

☑ 調理時間　10分ほど
　（漬ける時間は除く）
☑ お弁当にも！

あじは小麦粉をまぶす前に、小骨をとっておくと食べやすい。

主材料（2人分）と作り方

豚こま切れ肉…200g

　→食べやすく切って漬ける

仕込んだ豚肉

長ねぎ（斜め薄切り）…½本
ピーマン（緑・赤。細切り）
　…計40g

豚こましょうが焼き

しっとり豚こまに
ピーマンの香りがさわやか。

1 焼く

フライパンに豚肉を汁ごと
入れて中火にかけて炒める。
豚肉が白くなったら、長ねぎ、
ピーマン、ごま油小さじ2
を加えて炒める。野菜がし
んなりとして豚肉とよくか
らんだら火を止める。器に
好みの葉物野菜（サラダ菜
など）とともに盛る。

☑ 調理時間　10分ほど
　（漬ける時間は除く）
☑ 作りおきにも！
　冷蔵で2〜3日
☑ お弁当にも！

　　炒めたねぎは香りと甘みで、ピーマンはほろ苦さで、豚肉の味を引き立てます。

主材料（2人分）と作り方

（仕込んだ さけ）

生さけ（切り身）
…2切れ（180g）を
漬ける

1 焼く

さけの汁けを軽くきって魚
焼きグリルに入れ、強火で
8分ほど焼く（フライパン
で焼く場合はふたをして中
火で4分ほど焼く）。火が
通ったら器に盛り、大根お
ろしとすだち（半分に切って
種を取る）を添える。

☑ 調理時間 10分ほど
　（漬ける時間は除く）
☑ 作りおきにも！
　冷蔵で2〜3日
☑ お弁当にも！

仕込みは…

酒塩味
（さかしお）

酒　大さじ1
塩　小さじ½
を保存袋に入れる

＊料理酒ではなく、ふだん飲む日本酒を
　使うと風味がよくなる

1
魚を入れて
袋をもってふり、
塩を溶かしながら、
よくなじませる
肉は、袋の上からよくもむ。
＊漬けて20分後から調理できる。

2
空気を抜きながら
平らにして袋の口を閉じる

保存　冷蔵で3日間　冷凍で1カ月

酒で臭みを消し、シンプルな
塩味で本来の味を生かします。
肉や魚がふっくら仕上がり、
軽い粕漬けのようないい香り。

Memo _____

冷凍した場合、解凍して調理する。

さけの塩焼き

熱々ご飯に
ふっくら塩ざけ。
ご飯が甘くてやっぱりいい。

　焼く時には、冷蔵庫にある少し残った野菜を一緒に焼いても。

豚肩ロースの
アイスバイン

じゃがいもがほろり。
玉ねぎはとろり。
豚肉はうまみたっぷり。

☑ 作りおきにも！　冷蔵で2〜3日

主材料（2人分）と作り方

豚肩ロース肉（とんカツ用）
　…2枚（250g）を漬ける

仕込んだ豚肉

じゃがいも…2個（200g）
　→ 半分に切る
玉ねぎ（大）…1個（250g）
　→ 8等分のくし形切りにする
スナップえんどう…6本
　→ 筋を除く

1 豚肉を煮る

鍋に汁けをきった豚肉、水2カップを入れて中火にかける。煮立ったらアクを取り、ふたをしてことこと20〜30分煮る。

2 野菜を煮る

豚肉がやわらかく煮えたら、じゃがいも、玉ねぎを加え、やわらかくなるまで15分ほど煮る。味をみて塩小さじ¼を加え、スナップえんどうを加え、2分ほど煮る。器に盛り、好みでフレンチマスタードを添える。

とんカツ用肉は、かたまり肉より短時間で煮え、かたまり肉のようなおいしさが楽しめます。

ジューシーシュウマイ

主材料（20個分）と作り方

豚ひき肉…200gを漬ける

仕込んだ
ひき肉

＜A＞

玉ねぎ（みじん切り）、
　れんこん（みじん切り）…各40g
片栗粉…大さじ1
オイスターソース、ごま油
　…各小さじ1
シュウマイの皮…20枚
ズッキーニ（小・薄い輪切り）…20枚

1 包む

味つけしたひき肉の袋に、**A**を入れて粘りが出るまでよくもむ。20等分にしてシュウマイの皮にのせ、軽く握って円筒状にし、たねの上面をスプーンで押して平らにする。

2 蒸す

せいろ（または蒸し器）にズッキーニを並べてシュウマイをのせ、熱湯を沸かした鍋の上にせいろをのせてふたをし、強火で6〜7分蒸す。たれ（しょうゆ、酢各小さじ2）につけていただく。溶き辛子を添えても。

☑ 作りおきにも！
　冷蔵で2〜3日
☑ お弁当にも！

オイスターソースでおいしくなった肉が玉ねぎの甘みでますますおいしく。

シュウマイをズッキーニにのせて蒸すのがワザあり。蒸し器につかず、ズッキーニに肉汁がしみ込み、おいしくなります。

主材料（2人分）と作り方

仕込んだ牛肉

牛こま切れ肉
　…150gを漬ける

＜A＞
｜キャベツ（ざく切り）…150g
｜玉ねぎ（薄切り）…¼個
｜にんじん（細切り）…20g

1　野菜を炒める

フライパンにごま油小さじ2を中火にかけ、**A**をしんなりするまで炒める。

2　牛肉を焼く

牛肉を汁ごと加えて炒め、火が通ったら器に盛る。好みでコチュジャンを添える。

☑ 調理時間　10分ほど
　（漬ける時間は除く）
☑ 作りおきにも！　冷蔵で1〜2日
☑ お弁当にも！

仕込みは…

焼き肉味

砂糖　大さじ1
しょうゆ　大さじ1
ごま油　大さじ1
おろしにんにく　小さじ½
を保存袋に入れる

1　肉を入れて袋の上から、よくもむ

魚は身が割れやすいので、
袋の上からなじませる程度に。

＊漬けて10分後から調理できる
＊魚なら、ぶりやさばなどの
　青魚が合う

2　空気を抜きながら平らにして袋の口を閉じる

保存　冷蔵で3日間　冷凍で1カ月

どんな肉でもおいしく焼ける
最小限の配合の焼き肉だれ。
香ばしく焼けた肉に少し甘めの味がたまらない。

Memo
冷凍した場合、解凍して調理する。

牛プルコギ

野菜はしゃきしゃき、
牛肉はまろやか。
かむとあふれる牛肉の味。

味がついている肉を先に炒めると焦げやすいので、野菜を先に炒めてから炒めると、肉もやわらかくなり、一石二鳥。

手羽先グリル

焼き肉味の手羽先は、子どもたちの大好物。ひと味違って盛り上がる。

Memo

切り分けた手羽の先端でもう一品

小鍋に鶏手羽先の先端部分、水1½カップを入れて中火にかける。煮立ったらアクを取り、10分ほど煮て、塩小さじ¼で味つけする。器に盛り、好みで青ねぎ（小口切り）を入れ、粉唐辛子（韓国産・中びき）をふる。

主材料（2人分）と作り方

鶏手羽先…6本
→ 関節で手羽中と
　 先端部分に切り分けて
　 漬ける

仕込んだ
鶏肉

長ねぎ…½本
→ 3cm長さに切る

1 手羽中を焼く

手羽中は軽く汁けをきって魚焼きグリルに入れ、中火で5分ほど焼く。

2 長ねぎを焼く

長ねぎを加えて2分ほど焼き、手羽中がこんがりと焼けて火が通ったら器に盛る。好みでいりごま（白）をふる。

☑ 調理時間　10分ほど
　（漬ける時間は除く）
☑ 作りおきにも！
　冷蔵で2〜3日
☑ お弁当にも！

高温調理ができる魚焼きグリルなら、骨つき肉が手軽にパリッとジューシーに焼き上がります。

主材料（2人分）と作り方

豚こま切れ肉…150g
　　→ 食べやすく切って漬ける

仕込んだ
豚肉

<A>

　玉ねぎ（薄切り）…¼個（50g）
　パプリカ（赤・黄）…計40g
　　→ 5mm幅に切る
　ピーマン（5mm幅に切る）…1個
くずきり（生）…180g

豚こまチャプチェ

　肉のうまみを吸った
もちもちのチャプチェは、
主食代わりになる満足感。

1 豚肉と野菜を炒める

フライパンにごま油小さじ2を
中火にかけ、**A**をしんなりする
まで炒める。豚肉を汁ごと加え
て炒めて火を通し、器に盛る。

2 くずきりを炒める

水気をきってさっと洗ったくず
きりを1のフライパンに入れて
中火で炒め、透明感が出てきた
ら、うす口しょうゆ小さじ1で
味を調えて豚肉の上に盛り、粗
びき黒こしょうをふる。

☑ 調理時間　10分ほど（漬ける時間は除く）
☑ お弁当にも！

　くずきりを炒めると、味を吸ってもちもちとして、とてもおいしい。肉や野菜とは別々に炒めます。

主材料（2人分）と作り方

豚ロース肉（とんカツ用）…2枚（250g）
→ 筋を切って漬ける

仕込んだ豚肉

キャベツ（細切り）…150g

1 キャベツを蒸す

フライパンにキャベツ、塩少々、水大さじ2を入れてふたをして中火にかける。しんなりとしたら、ざっと混ぜて器に盛る。

2 豚肉を焼く

1のフライパンに豚肉を入れてふたをし、弱火で焦がさないように焼く。途中、1回裏返す。豚肉に火が通ったら、食べやすく切って1の器に盛る。あれば五香粉をふり、好みのハーブ（タイムなど）をあしらう。

☑ 調理時間　10分ほど
　（漬ける時間は除く）
☑ お弁当にも！

仕込みは…

みそ漬け味

みそ 大さじ1
みりん 大さじ1
を保存袋に入れてもみ、みりんでみそを溶かす

1 肉を入れて袋の上から、よくもむ

魚は身が割れやすいので、袋の上からなじませる程度に。
＊漬けて半日後から調理できる

2 空気を抜きながら平らにして袋の口を閉じる

保存　冷蔵で3日間　冷凍で1カ月

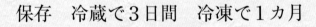

甘さ控えめの食べ飽きない味。
肉や魚がやわらかくなり、
漬けるだけで特別感のある味に。

Memo
冷凍した場合、解凍して調理する。

豚ロースのみそ漬け

豚ロースがしっとり、やわらか。
みその香ばしい香りが
豚肉の甘い脂とよく合います。

豚肉の筋切りは、筋と肉の境目に垂直に包丁を入れます。肉が反り返りにくくなります。

牛肉のみそ漬け

主材料（1～2人分）と作り方

仕込んだ牛肉

牛バラ肉（焼き肉用）
…150gを漬ける

細ねぎ（5cm長さに切る）
　…4～5本
紫玉ねぎ（薄切り）…少々

☑ 調理時間　10分ほど
　（漬ける時間は除く）
☑ お弁当にも！

1 牛肉を焼く

フライパンに牛肉を並べ入れて弱めの中火で焼く。牛肉に7～8割がた火が通ったら、裏返してカリッと焼いて火を通す。

2 野菜を巻く

牛肉で細ねぎと紫玉ねぎを巻いて器に盛り、お好みで粉唐辛子（韓国産・中びき）をふる。

ごちそう感のあるぜいたくな味。
脂が少し多めの牛肉がおすすめ。

牛肉は香ばしい焼き目がついたほうがおいしいので、動かさずに焼き色がついてから、裏返して焼きます。

上品な風味のさわらは、みそ漬けと相性のいい魚。香りよく、ふっくらと焼けます。

さわらのみそ漬け

葉しょうがの季節には…
手軽に自家製はじかみ

葉しょうが（谷中生姜）は葉を切り落とし、根を切り離し、先端の筋がかたい部分は除き、熱湯で1〜2分ゆでて湯をきる。温かいうちに甘酢（酢大さじ6・砂糖大さじ4、塩小さじ2）に漬ける。冷蔵庫で7日ほど保存できます。

主材料（2人分）と作り方

仕込んださわら

さわら（切り身）
…2切れ（160g）
を漬ける

れんこん…20g
→1cm厚さの半月切りにする

1 グリルで焼く

魚焼きグリルにさわら、れんこんをのせて弱火で8分ほど焼く。さわらに火が通ったら器に盛り、菊の花をあしらう。

☑ 調理時間　10分ほど
（漬ける時間は除く）
☑ お弁当にも！

　みそ床は、みそを白みそに変えると京風に。その場合は、白みそ大さじ2をみりん大さじ1で溶きます。

主材料（2人分）と作り方

いか（刺身用・下処理済みのもの）
　…1ぱい（80ｇ）
　→ 胴は1.5cm幅の短冊切り、
　　足は食べやすく切って漬ける

仕込んだ
いか

青じそ（ざく切り）…10枚

1 炒める

フライパンにサラダ油小さ
じ1を中火にかけ、いかを
炒める。白くなったらすぐ
に青じそを加えてざっと混ぜ、
火を止める。

☑ 調理時間　3分ほど
　（漬ける時間は除く）
☑ 作りおきにも！
　冷蔵で2〜3日
☑ お弁当にも！

仕込みは…

塩麹味

塩麹　大さじ1
を保存袋に入れる

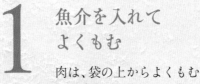

1 魚介を入れて
　　よくもむ

肉は、袋の上からよくもむ
切り身魚は、袋の上から
なじませる程度に。
＊漬けて20分後から調理できる

2 空気を抜きながら
　　平らにして袋の口を閉じる

保存　冷蔵で3日間　冷凍で1カ月

肉や魚がやわらかくなり、
うまみがぐっと引き出されます。
香りを変え、手軽に味の変化がつけられます。

Memo
冷凍した場合、解凍して調理する。

いか青じそ炒め

火を入れすぎると、かたくなる
いかは、迷わず塩麹漬けに。
鮮度も保たれ、ふっくら。

するめいかは加熱するとかたくなりやすので、さっと炒めます。

ふわっとにんにくが香る
やわらかい豚肉になすがとろり。

豚こまにんにく炒め

主材料（2人分）と作り方

仕込む時に
おろしにんにく
少々をプラス

豚こま切れ肉…100g

→ 食べやすく切って漬ける

☑ 調理時間　10分ほど（漬ける時間は除く）
☑ 作りおきにも！　冷蔵で2〜3日
☑ お弁当にも！

1　炒める

フライパンにごま油を
中火にかけて豚肉を炒
め、火が通ったら器に盛
る。蒸しなす（P24参照）
1本を添え、なすにしょ
うゆ少々をたらし、青ね
ぎ（小口切り）少々をのせ、
好みで赤唐辛子（輪切り）
をあしらう。

さっと炒めた熱々の肉に、ストックしてある野菜の1品を添えれば、手軽に栄養バランスが充実します。　108

ゆで鶏むね肉とチンゲン菜

主材料（2人分）と作り方

仕込む時に
豆板醤少々を
プラス

鶏むね肉…½枚（150g）
→ 1.5cm幅のそぎ切りにして
漬ける

チンゲン菜…1株
→ 半分に切って軸に
切り込みを入れる

☑ 作りおきにも！
冷蔵で2〜3日
☑ お弁当にも！

1 湯せんする

鍋に熱湯を沸かし、保存袋
のまま入れて火を止め、ふ
たをして20分おき、余熱で
鶏肉に火を通す。保存袋を
取り出す。

2 チンゲン菜をゆでる

再度、湯を沸かし、塩、ごま
油各小さじ½を加え、チン
ゲン菜を軸から入れてゆで、
ざるに上げて湯をきる。器に
鶏肉と盛り合わせ、トマト適
量（粗く刻む）をのせる。

鶏むね肉は湯せんでしっとりと。
ほんのり豆板醤で味を締めて。

青菜をゆでる時には、塩、ごま油を湯に入れると、緑色がきれいにゆで上がります。

主材料（2人分）と作り方

さけ（切り身）…2切れ（180g）を
　漬ける

仕込む時に
柚子こしょう
小さじ½を
プラス

しし唐辛子…2本
　→ ヘタを落として竹串で
　　数ヵ所刺す

1　焼く

さけを半分に切る。フライ
パンにフライパン用のアル
ミホイルをしき、さけ、し
し唐辛子をのせ、中火にか
けてふたをする。3〜4分
したら、ふたを取り、裏返し
て1〜2分焼く。さけに火
が通ったら器に盛り、すだ
ち（半分に切って種を取る）
1個を添える。

☑ 調理時間　10分ほど
　（漬ける時間は除く）
☑ 作りおきにも！
　冷蔵で2〜3日
☑ お弁当にも！

特売のさけも麹と柚子こしょうの香りで
市販の粕漬けのようなおいしさに。

さけの
麹柚子こしょう焼き

塩麹漬けにすると、さけの身
がやわらかくなるので、身が
くずれないように蒸し焼きに
してふっくら仕上げます。

主材料（2人分）と作り方

鶏ひき肉（もも）

…200gを漬ける

仕込む時に
パン粉大さじ3
玉ねぎ（みじん切り）
20gをプラス

青のり鶏松風

1 焼く

オーブン用シートをしいた
耐熱容器に肉だねを入れて
表面を平らにならし、けし
の実（なければ白ごまでも可）
を全体にふり、180℃のオー
ブンで20分焼く。冷めたら
青のりをふり、食べやすく
切る。

☑ 作りおきにも！
　冷蔵で2〜3日
☑ お弁当にも！

鶏ひき肉に味がのり、麹のいい香り。
テクニックいらずで、松風がふんわりと。

111　松風はおせちの料理の1品。袋に材料を入れてもみ、型に入れてオーブンで焼くだけ。お弁当のおかずにも重宝します。

主材料 (2人分) と作り方

鶏ささみ…4本 (200g)
　→ 筋を取り、包丁で切り込みを
　　入れて半分の厚さになるよう
　　に切り開いて漬ける

仕込んだ
ささみ

1　焼く

フライパンにささみを並べ
て中火にかける。ささみに
7割がた火が通ったら裏返
して火を通す。器にささみ、
きゅうり(細切り)、みょう
が(小口切り)各適量を盛り、
辛子酢(酢、溶き辛子各適量
を混ぜる)につけていただく。

☑ 調理時間　10分ほど
　(漬ける時間は除く)
☑ お弁当にも!

仕込みは…

クミン
じょうゆ味

オリーブオイル　大さじ2
うす口しょうゆ　大さじ1
クミン　小さじ1
にんにく　小さじ1
を保存袋に入れる

1　肉を入れて袋の
　　上から、よくもむ

魚は身が割れやすいので、
袋の上からなじませる程度に。

＊漬けて20分後から調理できる

2　空気を抜きながら
　　平らにして袋の口を閉じる

保存　冷蔵で3日間　冷凍で1カ月

オリーブオイル、にんにく、
クミンと相性のいいしょうゆ味。
料理は洋風にもなり、ご飯にも合うおいしさ。

Memo
冷凍した場合、解凍して調理する。

鶏ささみのクミンソテー

この味つけで、
しっとりささみが
ステーキ級の満足感に。

ささみは長く火を入れすぎるとかたくなるので、半分に開いて焼けば、焼き上がりがしっとりします。

さばのクミン焼き

主材料（2人分）と作り方

さば（三枚におろしたもの）
　…1尾分（250g）を漬ける

仕込んだ
さば

☑ 調理時間　15分ほど
　（漬ける時間は除く）
☑ お弁当にも！

1 焼く

さばに小麦粉を薄くまぶし、フライパンに皮目を下にして入れて中火にかけ、ふたをして焼く。途中、裏返し、こんがりと焼けて火が通ったら器に盛る。紫玉ねぎのマリネ（P59参照）とレモン½個を添え、あればバジルの葉を飾る。

エキゾチックな味で、ご飯がすすむサプライズ。おもてなしにも。

玉ねぎマリネがなければ、玉ねぎのスライスを添えるだけでも。子どもにはマヨネーズを添えるのもおすすめです。　114

レンチンで熱々に！

すぐ食べたい！に、待たせず出せる

ご飯もの・パン・スープストック

子どもがお腹をすかして帰ってきた。仕事で帰りが遅くなってすぐ料理。
今日はへとへとで料理を何品も作れない。そんな時は、ご飯もの・パン・スープがあれば
とりあえず丸くおさまります。人気定番メニューが間違いなく喜ばれます。

自然解凍で食べられる！

主材料（1人分）と作り方

＜Ａ＞
　親子丼ストックの煮汁…100mℓ
　親子丼ストックの具…100g
揚げ玉（天かす）…大さじ3
三つ葉…5本
　→ 3cm長さに切る
卵…2個
　→ よく溶きほぐす

1 煮て卵で
とじる

フライパンに**Ａ**を入れて煮
立て、揚げ玉、三つ葉を加え、
すぐに溶き卵を回し入れる。
鍋をゆすりつつ箸で少し混
ぜながら、全体をふんわり
半熟に仕上げて火を止める。

2 盛りつける

器に温かいご飯を盛り、1
をかけ、好みで粉山椒をふる。

☑ 調理時間　5分ほど

親子丼ストック

だし汁	うす口しょうゆ	みりん
10	**3**	**3**

2カップ	120mℓ	120mℓ

鶏もも肉 1枚　　　玉ねぎ 大1個

一口大のそぎ切り　　1cm幅のくし形切り

材料を煮るだけ。

玉ねぎがしんなりするまで
中火で煮る。

＊煮ている間に鶏肉からアクが出る
　ようなら、除く

保存　冷蔵で3日間
　　　冷凍で1カ月

親子丼

ふわふわ卵のヒミツは揚げ玉。
卵がふんわりとし、コクが加わり、
ご飯がよりおいしく感じられます。

フライパンで煮ると、短時間で煮立ち、卵にもさっと火が入り、盛りやすく仕上がりもきれいに。

鶏肉のうまみが芯までしみたご飯がおいしい。

鶏肉と玉ねぎの炊き込みご飯

材料（2人分）と作り方

米…1合

＜A＞
| 親子丼ストックの煮汁、
| 　水…各½カップ

親子丼ストックの具
　…120〜130g
絹さや…適量
　→ ゆでて細切りにする

1 炊く

炊飯器に洗った米、**A**を入れてひと混ぜし、親子丼ストックの具をのせて普通に炊く。器に盛り、絹さやをのせる。

☑お弁当にも！

焼き麸から、鶏肉のだしがじゅわっとあふれます。

鶏と玉ねぎと焼き麸のお汁

主材料（1人分）と作り方

焼き麸（乾物）…2個（15g）
　→ 水に浸し、やわらかくなったら水気を絞る

＜A＞
| 親子丼ストックの煮汁…½カップ
| 水…1カップ

親子丼ストックの具…100g
せり…2〜3本　→5cm長さに切る

1 煮る

鍋に**A**を入れて煮立て、麸、親子丼ストックの具を加えて2〜3分煮る。せりを加えてさっと煮てお椀によそい、好みで七味唐辛子をふる。

☑ 調理時間　5分ほど

おいしい汁ものに合わせてこそ真価を発揮する焼き麸。ストックでき、たんぱく質も豊富です。

豚丼ストック

うす口しょうゆ　みりん

1 : 1

50ml

50ml

豚こま切れ肉
400g

しょうが
20〜30g

食べやすく切る　　せん切り

↓

材料を
煮るだけ。
中火で豚肉に
火が通るまで煮る。

保存
冷蔵で3日間
冷凍で1カ月

人気味の豚肉が
しゃきしゃきレタスで
よりおいしく。

豚丼

主材料（1人分）と作り方

温かいご飯…1人分

＜A＞

| 豚丼ストックの具…適量
| 豚丼ストックの煮汁…適量

1　温める

Aを鍋で、または電子レンジ
で温める。器にご飯をよそっ
てかけ、レタス（せん切り）
適量をのせ、好みで紅しょう
が（せん切り）を添える。

☑ お弁当にも！

　うす口しょうゆ1：みりん1の味つけは、豚肉、鶏肉、白身魚、野菜に合うまろやかな味。食材の色も生かします。

主材料（2人分）と作り方

＜A＞

| 大根…170g
   →4cm長さの短冊切り
| 豚丼ストックの煮汁
   …¼カップ
| 水…1カップ

豚丼ストックの具…80g

1 大根を煮る

鍋に**A**を入れて中火にかけ、大根がやわらかくなるまで煮る。

2 豚肉を温める

豚丼ストックの具を加え、温まるまで煮る。器に盛り、青ねぎ（小口切り）をのせる。

☑ 調理時間　10分ほど
☑ 作りおきにも！
　　冷蔵で2〜3日

おかずになる具だくさんスープ。
大根と煮るとあっさり。

豚大根スープ

具を温める時にゆでたうどん（または加熱した冷凍うどん）を一緒に煮ても。

温かいご飯を焼いて時々混ぜ、を繰り返しているうちに自然にご飯がパラッとします。

チャーハン

主材料（2人分）と作り方

豚丼ストックの具…80 g
玉ねぎ（みじん切り）…40 g
ピーマン（緑・赤。みじん切り）
　　…計40 g
温かいご飯…300 g
＜**A**＞
　｜ 塩…小さじ¼
　｜ 豚丼ストックの煮汁…大さじ1
目玉焼き…2個

☑ 調理時間　10分ほど
☑ チャーハンは作りおきにも！
　　冷凍で2週間
☑ チャーハンはお弁当にも！

1 具を炒める

フライパンにごま油小さじ2を中火にかけ、玉ねぎとピーマンを炒める。玉ねぎに透明感が出てきたら、豚丼ストックの具を加えて混ぜる。

2 ご飯を炒める

ご飯を加え、ヘラで切るようにしてざっくりと炒め、**A**を加えて味を調える。器に盛り、目玉焼きをのせる。

　目玉焼きは、フライパンにサラダ油小さじ1を中火にかけ、卵2個を割り入れ、黄身を半熟状に焼きます。

冷蔵庫に少しずつあるもので。
ベーシックな作り方が一番。

ピザトースト

材料（2人分）と作り方
食パン（6枚切り）…2枚
トマトペースト（市販品）
　…大さじ1
シュレッドチーズ…70g
＜**A**＞
　ピーマン（薄い輪切り）…1個
　紫玉ねぎ（薄切り）…少々
　ベーコン…2枚分（30g）
　　→ 2cm幅に切る
　ホールコーン（冷凍）…大さじ1

1 具をのせる

食パンにトマトペーストを塗り、チーズをのせ、**A**をのせる。ラップで包んで保存袋に入れ、冷蔵か冷凍する

仕込んで
ラクちん

保存
冷蔵で3日間
冷凍で3週間

食べる前に焼く。
冷凍保存したものは
解凍して焼く。

具は好みのもので何でもOKです。　　122

混ぜるだけの具で食べごたえが出る
ツナサンドは、冷凍しておくと
食事代わりになり、重宝します。

ツナサンド

材料（1人分）と作り方
食パン（6枚切り）…2枚
＜**A**＞
 ├ ツナ缶…1缶（70g）
 ├ 玉ねぎ（みじん切り）
 │ …大さじ1
 └ マヨネーズ…大さじ2

☑ 調理時間　5分ほど
☑ お弁当にも！

1 具をはさむ

ボウルに**A**を入れてよく混ぜ、パンに平らに塗り、もう1枚のパンをのせてはさむ。ラップで包んで保存袋に入れ、冷蔵か冷凍する。

仕込んで
ラクちん

保存
冷蔵で3日間
冷凍で3週間
───
食べる前に焼く。
冷凍保存したものは
解凍して焼く。

　ツナサンドは、冷凍のままお弁当に持っていくと、食べる頃には自然解凍していて食べられます（焼かなくてもOK）。

ハムサンド

簡単でこのおいしさ。
ハムに辛子バターは
文句なしによく合います。

材料（２人分）と作り方

食パン（６枚切り）…２枚
ハム…２枚
玉ねぎ（薄切り）…20ｇ
バター、溶き辛子…各適量

1 具をはさむ

パンにバター、溶き辛子
を塗り、ハム、玉ねぎを
のせる。もう１枚のパン
をのせてはさみ、パンの
耳を一部切り落とし、半
分に切る。ラップで包ん
で保存袋に入れ、冷蔵か
冷凍する。

仕込んで
ラクちん

**保存　冷蔵で３日間
　　　　冷凍で３週間**

食べる前に焼く。
冷凍保存したものは解凍
して焼く（焼かずに、自然
解凍しても食べられる）。

ハムサンドに玉ねぎは相性バツグン。食感と香りの変化がつきます。　124

主材料（6個分）と作り方

サンドイッチパン
　（12枚切り・耳なし）…6枚

＜**A**＞
　むきえび…100g
　　→ さっと洗って背ワタを
　　　とり、みじん切りにする
　玉ねぎ（みじん切り）…20g
　香菜（みじん切り）…1株

＜**B**＞
　ナンプラー、片栗粉
　　…各小さじ1
　ごま油、塩、こしょう…各少々

サラダ油…適量

＜ソース＞
　トマトケチャップ…大さじ2
　豆板醤…小さじ¼
　水…少々
　→混ぜておく

えびパン

サクッとしたパンから
ジュワッと、プリッと甘いえび。
冷めてもおいしいスナックパン。

1 　具を包む

ボウルに**A**、**B**を入れてよく混
ぜる。パンに等分にのせ、パン
の周囲に水少々を塗って2つに
折り、端を押さえて密着させる。
ラップで包んで保存袋に入れ、
冷蔵か冷凍する。

仕込んで
ラクちん

☑ 調理時間　15分ほど
☑ 揚げてお弁当にも！

保存　冷蔵で3日間
**　　　冷凍で3週間**

食べる前に
160℃のサラダ油で揚げる。
冷凍保存した場合は、
解凍してから
同様に揚げる。

　ソースは簡単チリソースとして、いろいろな料理に合わせられます。

スープストック

野菜の甘みを生かした、からだにやさしい
味のポタージュ。温めるだけでこのおいしさに。
いつでも常備したくなります。

保存
冷蔵で3日間
冷凍で1カ月

1 ゆでる

根菜にかぶるくらいの水
を入れ、竹串がスーッと
通るまでやわらかく煮る。

2 つぶす

ハンドブレンダーかミキ
サーでつぶす。

3 なめらかに
する

牛乳(または無調整豆乳)
を加え、さらになめらかに
して塩で味を調える。

にんじんのポタージュ

材料(作りやすい分量)と下処理

にんじん…1本(180g)
→ 皮をむき1cm幅の輪切り
牛乳… ½カップ
塩…小さじ¼
<トッピング> にんじんの葉…適量

牛乳か豆乳かはお好みで。牛乳は根菜、いも類の味を締め、豆乳はまろやかさが加わります。

かぶのポタージュ

材料（作りやすい分量）と下処理

かぶ…小5個（250g）→ 皮をむいて半分に切る
豆乳（無調整）…½カップ　塩…小さじ¼
＜トッピング＞
| かぶの葉…少々　→ ゆでて小口切りにする
| いりごま（黒）…適量

繊細な香りと
さらりとした甘み。

さつまいものポタージュ

材料（作りやすい分量）と下処理

さつまいも…小1本（180g）
　　　→ 皮をむいて2cm幅の輪切り
牛乳…½カップ　塩…小さじ¼
＜トッピング＞粗びき黒こしょう…適量

ほっくりと甘く、
やさしい香り。

かぼちゃのポタージュ

材料（作りやすい分量）と作り方

かぼちゃ（種とワタを除いたもの）…250g
豆乳（無調整）…½カップ
塩…小さじ¼

1 レンジにかける

かぼちゃはさっと水でぬらして耐熱容器に入れてラップをして、電子レンジに5分ほどかける。温かいうちにスプーンで実をくり抜いて皮をはずし（皮は、トッピング用に少量とっておく）、マッシャーでつぶす。

2・3

右ページの作り方と同様。
＜トッピング＞かぼちゃの皮（ひし形に切ったもの）…適量をあしらう。

とろりと
やわらかい甘み。

　かたいかぼちゃは、切ってゆでるより、電子レンジ調理が圧倒的にラク。水っぽくもなりません。

大原千鶴 （おおはら・ちづる）

料理研究家。京都・花脊の料理旅館「美山荘」の次女として生まれ、自然の中で食材に触れ、小学生の頃には店のまかないを担当しながら、料理の腕を磨く。3人の子どもの子育ての経験から生まれた、素材を生かし、無駄にしない、多忙な日々を送る女性を助ける作りやすいレシピが人気。『まいにちおべんとう』『大原千鶴の和食』『大原千鶴のまいにちのごはん』（いずれも高橋書店）、『冷めてもおいしい和のおかず』（家の光協会）など、著書多数。

デザイン	兼沢晴代
撮影	鈴木正美
撮影アシスタント	重枝龍明
スタイリング	中山暢子（P 72〜79、 P 84〜127）
料理アシスタント	酒井智美
編集	土居有香（メディエイトKIRI）
プロデュース	高橋インターナショナル

大原千鶴のささっとレシピ
素材のつくりおきで、絶品おかず

著　者　大原千鶴
発行者　高橋秀雄
発行所　株式会社 高橋書店
　　　　〒170-6014　東京都豊島区東池袋3-1-1　サンシャイン60　14階
電　話　03-5957-7103

ISBN978-4-471-40878-7

【内容についての問い合わせ先】
書　面　〒170-6014　東京都豊島区東池袋3-1-1
　　　　サンシャイン60　14階
　　　　高橋書店編集部
ＦＡＸ　03-5957-7079
メール　小社ホームページお問い合わせフォームから
　　　　（https://www.takahashishoten.co.jp/）

【不良品についての問い合わせ先】
ページの順序間違い・抜けなど物理的欠陥がございましたら、電話03-5957-7076へお問い合わせください。ただし、古書店等で購入・入手された商品の交換には一切応じられません。